家有俩宝

二胎家庭的幸福养育说

李一慢 著

华东师范大学出版社
上海

图书在版编目（CIP）数据

家有俩宝：二胎家庭的幸福养育说 / 李一慢著 . —上海：华东师范大学出版社，2021

ISBN 978-7-5760-1245-3

Ⅰ. ①家… Ⅱ. ①李… Ⅲ. ①儿童教育 - 家庭教育 Ⅳ. ① G781

中国版本图书馆 CIP 数据核字 (2021) 第 037525 号

家有俩宝——二胎家庭的幸福养育说

著　　者	李一慢
责任编辑	孔　灿
责任校对	刘　瑾　时东明
装帧设计	冯逸珺

出版发行	华东师范大学出版社
社　　址	上海市中山北路3663号　邮编　200062
网　　址	www.ecnupress.com.cn
电　　话	021-60821666　　行政传真　021-62572105
客服电话	021-62865537　　门市（邮购）电话 021-62869887
地　　址	上海市中山北路3663号华东师范大学校内先锋路口
网　　店	http://hdsdcbs.tmall.com

印 刷 者	浙江临安曙光印务有限公司
开　　本	787×1092　16开
印　　张	12.5
字　　数	121千字
版　　次	2021年4月第1版
印　　次	2021年4月第1次
书　　号	ISBN 978-7-5760-1245-3
定　　价	39.00元

出版人　　王　焰

（如发现本版图书有印订质量问题，请寄回本社客服中心调换或电话021-62865537联系）

手足情深的慢道理

认识"超级育爸"一慢老师已经六年有余,刚认识的时候就很惊愕地得悉他居然"金屋藏娇"了"二宝"。更没想到,因为生养了一儿一女,还促成他写了这么多关于俩宝的养育心得。我笃定认为这书会畅销,因为我身边拥有俩宝的家庭越来越多,而且这些家庭的困惑还很多,他们急需有一本实践结合理论的实用书提供支持。所以我欣然领命为本书写序!

这六年,一慢老师从一名"故事爸爸"已经成功转型为"全民好爸爸"的代言人物。在此之前,他当过人民教师,服务过大型国企,也做过出版社的营销负责人,做过童书主编,当过我们悠贝亲子图书馆的专家顾问。他还创立了推动儿童阅读的公益组织"爱阅团",开着咖啡厅经常舞弄做咖啡的手艺,现在还操心着全民阅读领域的专业机构新阅读研究所的一大摊事,最最难得的是他在做这么多事情的同时,还潜心写作,每月要写五篇育儿专栏,出过数本童话集,他的《育儿36计》还成了畅销书。这本书是他的育爸生涯中的第二本书,我用了半天时间一口气读完了——虽然我还没有二宝，心已然飘飘，也许我也有能力迎来俩宝的甜蜜时光。

和一慢老师一家相识六年多的时间，葫芦哥哥和一一妹妹的故事经常听到看到，我时不时会被这位超级好爸爸的光荣事迹给镇住，然后狠狠给我家悠悠爸爸抛个期盼的眼神"瞧人家当爸爸的"，在压力和动力的重压下，悠悠爸爸在继续当事业上的拼命三郎的同时，还能够做到每周带孩子看一部电影、游一次泳，早晨雷打不动牵着孩子的手送她上学，晚上给孩子持续念着《上下五千年》。如今，他也成了超级好爸爸，女儿成了他的跟屁虫，甚至在我忙碌出差的日子里，经常和我对话时把我叫成"爸爸"。诚然，我们家的改变就是从分享一慢老师的育儿故事开始的，我们家已经尝到甜头，这让我很有动力，我真诚希望一慢老师再次开启全国巡讲，让更多的爸爸感受到陪伴孩子其实比挣大钱更有成就感，爸爸们的深情投入，不仅使我们的孩子们更加聪慧更加幸福，而且实在地分担下我们这些妈妈们的压力，这也是家庭和谐的不二法门！

随着政策的调整，"你生二宝吗？"成了已为人父母们见面的口头禅。"再来一个！"我生悠悠后在产床上无比亢奋时曾经这么想的。随着时间的推移，一边是一日无休的妈妈角色，一边是一日无休的创业公司创始人，忙着事业与生活的平衡，再也没有心力提起当年"再来一个"的豪情壮志。但是，身边不时有朋友"又怀上了"、"二宝降临啦"的信息传来，她们的各种甜蜜晒娃、微博微信各种刷屏，确实不时刺激着我。不过，我也经常在想："哼，瞧你们得意的，日子过得越来越充实吧？是不是碰到各种大宝和二宝的相处难题呀？是不是不知道如何摆平大宝被横刀夺爱的愤愤不平啊？是不是钱包日益干瘪更加期待孩儿他爹赶紧淘金啊？是不是再无时间闺蜜聚齐美个甲按个摩呀？"我相信还有各种各样的难题等着这些拥有俩宝的爸爸妈妈去解决，于此我心生平衡，继续在养育唯一的闺女和经营唯一的企业中当个"阅读界的超级丹"，当然，我没有忘记及时向你们传递解惑的好点子，于是隆重向你们推荐一慢老师的《家有俩宝》，相信能够帮助你们从容些面对作为俩宝父母的各种揪心事件。

很多的育儿书着重于探讨父母与孩子之间的关系，会让人觉得俩宝家庭与独生子女家庭没有多少区别。但实际上，家有俩宝的多样化、丰富性和复杂化，会让父母们挠头不已。一慢老师秉持一贯的"道法术"结合的思路，探讨俩宝家庭的手足关系，以及父母应该如何协助两个孩子发展和谐的手足关系，为越来越多的俩宝家庭提供有益参考。作为一位有妹妹的姐姐，我很同意一慢老师在书中所说："手足关系是生命中的重要关系"，我们姐妹俩的相互影响超出我的想象。由此再看一慢老师的这本书，定会为俩宝家庭提供有趣、有效的家庭教育借鉴，建立和谐的四口之家。

也许有一天我没有那么忙碌时，我再次拜读这本书后，再次把生二宝提上日程，希望自己也能做个幸福的俩宝妈妈。

林丹（悠贝亲子图书馆创始人）

当青春来敲门，幸福也就不远了

《家有俩宝》写作出版时，国家的计划生育政策还没有调整，我的有些说法被当时的编辑给否定了，我非常理解，也支持，现在看来，早点儿倡导"生两个更好"是利国利家的好事。彼时，我的女儿刚上小学，现在女儿已读初一，儿子也上了高中，让我又成了"新手爸爸"——面对俩青春期子女的爸爸，要支持儿女面对和适应高中和初中的学生生活。好在我们家已经形成了夫妻在子女教育上的合理分工，早期我们关注和培养的俩宝的习惯和能力，已经发展成为他们的内在属性、内在驱动力，他们在面临新的学习节点时有梦想、有选择，我们也支持他们的梦想、支持他们的选择。

从初二下学期开始，儿子上学前开始注意仪容仪表，我就知道，儿子的青春期开始了。一位也从事教育的大哥，对我家俩娃都非常熟悉。但他认为这么乖巧懂事的孩子，到了青春期也必定会像他家孩子一样逆反，掀起大波大浪。我也觉得一定会有波浪，但青春期的波浪只有浪涛拍岸（坚硬的岸）、水打船翻（逆行的船）

吗？未必！我们夫妻俩在儿子的青春期"风波"中顺水逐波，过往的共读共玩共赏等等基于共同生活而发展的共同的精神密码，化解了青春期的大风大浪，荡起的层层涟漪，也会让一家四口品味琢磨，微微苦涩，点点咸味正是成长中的养分。

青春期男孩会变得不愿主动搭理人，我们就得做出改变，唠叨不如真正的谈心，念经不妨给出具体有效的建议，约束不如取得共识后放手……人人都知道的对青春期的孩子给予尊重，说着容易，做到很难。对于逆反，我们一向的方法就是"随他便，顺着他"。遇到真正觉得重要的事，才要去提醒他一下。

让儿子多做主，不光是多喝水、天凉了添衣服这样的家长里短"小事儿"，还有像小号还吹不吹、围棋班上不上、游学去哪里的居家安排"中事儿"，甚至上什么初中、高中、高考科目选择的成长"大事儿"，都是儿子拿的主意。当然，我们需要提供资料信息，需要与他一起分析。

作为高中生，儿子的模样是我们夫妻所自豪与骄傲的，有良好的学习习惯，与同学们友好相处，知道自己未来想成为什么样的人，并愿意为之努力。希望儿子在敬业乐群、博习亲师、论学取友的基础上，能做到知类通达。

我们相信他，妹妹也相信哥哥。有了哥哥的榜样，妹妹的学习劲头更足，兴趣更广泛，除了跟哥哥一样成了"书虫"外，舞蹈、足球、篮球、游泳都去练一练，钢琴、相声、扬琴、京剧也都学得像模像样。这种从学习中获得乐趣和自信的能力，帮助她在学科学习上也小有收获，考上了自己理想中的顶尖中学。

家有俩宝，从相亲相爱的健康成长发展到了相互影响相互成就的自我发展。这与我在书中提到的"二宝的天生使命是来帮助大宝成为老大的"等观点是一致的。比如，青春期儿子的"风平浪静"就印证了这个说法：妹妹跟他"斗争"，也发展出儿子善为他人着想，在坚持自我的基础上，学会妥协的能力。这也有助于青春期的"终和且平"。

我常说在孩子成长的不同时期，父母在共同成长、编织共同精神密码的同时，学会施展三大法宝：示范、示错、示弱，儿子也好，女儿也好，顺滑地度过青春期，为"离家"奠定基础。

花开两朵，生有儿女是幸运。枝繁叶茂，养育俩宝很辛苦，更幸福。

谢谢我的妻子胡宜之，以及我们的俩宝葫芦和一一，没有你们，我的心会在哪里呢？

李一慢

2020 年 11 月

目 录

第一篇 生,还是不生? / 1

第一章 生二宝:负担还是幸福? / 2

第二章 生二宝利于养育的两点心得 / 7
手足情深,相互影响 / 8

手足陪伴,快乐加倍 / 10

促进夫妻携手 / 12

铁三角变成更为稳固的四边形 / 14

第三章 给每个孩子百分之百的爱　17
"一碗水"变"两碗水" / 18

解决大宝的心理难题 / 18

如何谈论关于二宝的话题 / 19

第四章 当大宝遇见二宝 / 24
最佳年龄差 / 24

二宝对于大宝的意义 / 26

第一次见面 / 29

引导大宝这样做 / 30

搭建俩宝之间的桥梁 / 32

第五章 大宝对父母的考验 / 38

考验父母的行为 / 38

大宝"变小"了 / 41

优先满足大宝 / 42

与大宝独处 / 44

第六章 爸爸如何参与育儿 / 47

爸爸们的困惑 / 47

"1+1<2" / 49

重新看待夫妻关系 / 49

妈妈的忧郁靠爸爸来舒缓 / 50

爸爸的参与需要妈妈的支持 / 52

第二篇 和平时代 / 55

第一章 长幼有序：俩宝家庭和平基石 / 56

和平大法 / 56

对大宝期望高 / 58

俩宝互相影响 / 61

第二章 兄友弟恭：善用游戏建立亲密关系 / 64

　　建立亲密的手足关系 / 64

　　别把"手足"分开 / 70

第三章 什么样的游戏适合俩宝共玩 / 72

　　放手让孩子自己玩 / 72

　　适合俩宝的游戏 / 73

　　享受分开玩的乐趣 / 77

　　遵守游戏规则 / 79

第四章 从游戏中习得人生规则 / 82

　　民主：从轮流玩开始 / 82

　　建立轮流概念的方法 / 83

　　为游戏精神点赞 / 88

　　好胜心 / 89

　　君子动口不动手 / 91

第五章 成长自己 / 94

　　言传不如身教 / 94

　　发展手足间的亲密关系 / 96

　　建立合作关系 / 100

是镜子不是影子 / 103

让他们自己解决 / 104

第六章 扬惩的艺术 / 107

发自真心地赞美孩子 / 107

赞美一个，不能伤害另一个 / 108

赞美就是赞美，不要留尾巴 / 110

"最"要不得 / 111

物质奖励要不要？/ 112

家规跟上 / 114

适当的界限 / 115

第三篇 "战争"来了 / 117

第一章 对立和冲突也可以成为正能量 / 118

手足冲突很快会消停 / 119

父母不要传递负能量 / 120

激发俩宝冲突的"负能量" / 123

第二章 "战争"的类型 / 125

打小报告 / 125

骂人 / 127

动手 / 128

第三章 "战争"的解决 / 130

FFS 三步法 / 130

召开家庭会议 / 133

解决冲突六策略 / 133

父母的介入 / 138

情绪的排解 / 141

第四章 尊重孩子的不同 / 143

学会表达各自需求 / 143

尊重孩子的个性 / 145

不做比较 / 146

关于偏爱 / 148

另一种不公平：对俩宝完全一样 / 151

满足不同需求才是真的公平 / 153

第五章 提升"战斗力" / 156

榜样的作用 / 156

尊重是家庭教育的核动力 / 159

怎样跟俩宝沟通 / 163

行动：从学会倾听开始 / 166

和平与"战争"的间歇 / 174

附录 175

第一篇

生，还是不生？

  与其说是物质的安全感，倒不如说是对孤独的恐惧感才让家庭与婚姻相结合。要是不考虑各种危机和质疑的话，对婚姻而言，最可靠的基础在于失去时的威胁——孤独感。然而，孤独感并没有永久稳固地守候着家庭和婚姻。孩子成为最后的、不变的、独特而基本的爱情对象。伴侣来了可去，孩子却留了下来，人们在伴侣关系中寻找的东西最后总是在孩子处找到，或许孩子就是他们所找的。

  ——乌尔里希·贝克，伊丽莎白·贝克·格恩斯海姆

  生育本是人类种族延续的重要手段。生，还是不生，本不是个问题，只是在我国实行世界上最严格的限制生育政策后，才慢慢成了社会问题，也成了困扰育龄人口的永恒话题。近年来国家已经调整了政策，愿意生育二胎的家庭比理论上的数字要少很多。

第一章　生二宝：负担还是幸福？

我们从孩子那里看到了自己的影子，感受到未来因教养子女而变得更有意义，因而努力的方向更加确定。于是，有人生了一个孩子，有人生了两个。以前，在"只生一个好"生育政策的影响下，人们渐渐接受了"我不可以生二宝"的观念，并在社会的快速发展中，找到了让自己心安的理由。

在五花八门的不生二宝的理由中，各有各的精彩表述，从国计民生到鸡毛蒜皮，也有人一针见血：不就是没钱养、没人带吗？确实，这是两个很重要的原因。结合我的观察和思考，特别是我自己养育两个孩子的过程和体会，我做了一些总结，大致"不生二宝"有如下八项主张：

1. 自己不要：身体因素+事业因素，甚至是"生大宝伤心了"。

2. 对方不想："我，总不能强迫他（她）吧？"

3. 经济不足："哪里养得起！"

4. 精力不济："太累了！老公从来不帮忙！老人？还不够

沟通成本呢……"

5. 大宝不愿："大宝不愿意，要离家出走，我们也没办法。"

6. 组合不利："大宝是儿子，要是二宝也是个儿子，天哪！不敢想！"

7. 爱心不够：已经把全部的爱给了第一个孩子，没办法分出来给二宝。

8. 教养不易："一个都教不好，再生一个就都成熊孩子了！"

夫妻二人中的任何一位不愿意生二宝，我们无法触及内心，只能慢慢沟通，默默等待。其他的理由其实各个都可商榷。排名最靠前的也是最为关键的确实是经济基础的问题。特别是在国民整体素质和教育水平提升的前提下，家庭教育与社会教育的"成本"都在提高。软性的"不会养"和硬性的"学费太贵"的双重压力也会体现在经济基础这个因素上。

据上海2010年的一项调查显示，一个家庭养育一个0-3岁孩子的直接费用为32719.5元一年，4-6岁孩子的养育费平均为31943元一年，7-12岁孩子为31226元一年！2017年北京的一项调查显示，养育一个孩子的支出是"穷养"7.8万，中等是92.5万，"富养"在246.4万元以上，就是没有上限——这还是0-3岁的。所以，调查中有35%的父母认为"养孩子是沉重的负担"。

经济压力大、教养担忧是导致人们选择放弃生育二胎的主要原因。

2016年实行的全面二孩政策,使当年出生人口达1786万人,同比增加131万人,是2000年以来的顶峰。但2017年受一孩数量大幅下降的拖累,尽管全面二孩政策效果继续显现,但出生人口仍减少63万人,2018年则继续减少200万人。

有人粗略计算过,在上海一个孩子从出生到大学毕业,连吃带用加上读书、找工作、结婚,要花费100多万元。北京、广州等一线城市也都需月均花费3000元以上。即使是县城的数据也超过了月均1500元。因此,生养两个孩子那还了得!在我看来,其实不然,生养二宝的经济成本的增加不是翻倍,而是在50%以内;兴趣班的学习都是实实在在的,不过有了二宝后其他的教育支出可以再平衡。

现在越来越多愿意生养二宝的父母具备较为清晰和先进的育儿理念,比如尽量多母乳喂养,少隔代看护等等,而这样的养育是需要父母的精力投入的。所以,夫妻二人要商量好工作和养育的家庭分工,保证家里有持续稳定的经济收入。不过,多了一个孩子并不代表花费的成倍增长,我的经验和调查结论是:两个孩子的养育费用的增加在50%左右。二宝的出生一方面减少了养大宝时"无知"的浪费,另一方面会让我们有更合理的消费诉求和购买倾向。因二宝而增加的家庭关系的丰富、愉悦的感觉,反倒令人觉得生活很简单、很快乐。所谓的生活质量提高更多是精神上的,没有必要用一个限定的生活品质标准来看待这个问题。

对于现在还处于生育期的人来说，70后对多子女家庭的熟悉程度远远高于80后和90后，也促成他们抓住生育期的尾巴，敢于和勇于生育二胎。在我观察和熟识的30多对生育二宝的夫妻中，70后占到了7成！因为自身的年纪也决定了观察对象的局限性，这个数据仅供我自己参考。

80后、90后因为他们熟悉了独生子女的生活情景、成长背景，并形成了独生子女的一些非典型性格特征，再加上常有的"我自己都没有教育好""我自己还没玩够呢""一个都教不好"等自我心理暗示，以及外在的生活成本、教育成本、事业打拼的压力，二胎生育意愿低很正常。

若是年轻的父母不再惧怕"如何养育二宝"，或许也能促进生育二胎的比例。

我们夫妻都是70后多子女家庭，我妻子家是两姐妹，我们家则有六个子女。这对于我们决定生育二宝，有信心、有能力养育好俩宝都起到重要的作用。

我们家中兄弟姐妹众多，都靠在铁路工作的父母薪水养活全家。我父亲是那种完全忙于工作不顾家的人，按母亲的说法就是"没在养育孩子时帮把手"。但那个时代，普遍都是类似境况。幸好我们的母亲挑起了家庭重担，把我们兄弟姐妹六人抚养长大。在计划生育政策实施之前，这样的大家庭比比皆是，只有两三个孩子自己都"不好意思"，要是只生一个更是会遭到一些特殊的眼神照顾。

那个时代，物质匮乏，孩子的出生、成长更接近人的生物性，有点阳光就能茁壮成长。现在看来，父亲忙于工作给我们也树立了榜样，长大后我们都很看重自己的工作和事业发展，忙碌起来也都是"拼命三郎"。在那个淳朴的年代，妈妈们几乎都是用自己最朴素的教育理念，念着各家略有不同的"紧箍咒"。或许，更直达教育的最高境界 -- 不教之教。孩子们在一起玩闹，彼此的"战争"和快乐要比现在多上无数倍。这样的童年经历，奠定了我生养二宝的精神底色，而非传统文化中的"不孝有三无后为大"和"多子多福"观念。

我从南师大毕业后先当老师，上世纪90年代的老师工资水平低，我的一些小小梦想难以实现，比如按照我的意愿在长沙、广州、上海、南京等城市"游生"，自由自在。等到略有积蓄，就定居北京。那时，我妻子刚刚工作，两年后我们相识、恋爱、结婚、生子，两双白手筑起这个家……结婚前她家生变，岳父去世；孕育二宝之时，我家生变，我父亲病重到去世。我放下工作在家陪老人（还瞒着老人，以装修房子的理由赖在家里）数月，我的事业因此停顿，从生大宝后就辞职在家的妻子毫无收入……我们在最困顿的时候生育了二宝。在我看来，经济是基础，理念和理想同样有强大的力量，足以对抗各种压力和辛苦。

回头再看，当时的这些压力、苦楚，现在被一家四口的幸福感受所替代，偶尔拿出来晒晒，全家人忆苦思甜想当年，别有一番滋味。

第二章　生二宝利于养育的两点心得

本书初版的时候，我们家还是俩小学生，兄妹俩之间的关系，虽然互相拆台，但更多的是互相帮助；虽然互相排斥，但更多的是互相依赖。天寒地冻的时候，两人在家里看书、练琴、玩游戏；天气暖和起来，他们俩就下楼玩耍，哥哥骑车，妹妹玩滑板，然后交换，互相交流经验，全无几年前只知争抢的"战斗场面"。我们夫妻俩早已开始乐得清闲，筹划着更多有趣的，可以和孩子一起参与的生活、学习活动。

再版的时候，儿子已经读高一，长成了189厘米高的Y.A.（young adult），养成了很好的学习习惯，我们从来不为他的作业和学习焦虑。他有着自己的学习目标，前进了大家一起高兴，后退了也会一起想想方法，比如我就默默地在家里开设文言文学习课。我的"家教课"，反倒是女儿更感兴趣，学习态度很端正、积极---这还是小学生的本性吧。他们俩的"战争"已经很少了，更多的是两人叽叽哇哇说东说西。不过这样的美好情景也有个发展前提，就是哥哥顺利度过青春前期，对妹妹的态度也添加了新的角度，从稍微的排斥又回到了完全接受。

二宝的诞生，才让独生子成为大宝，才让大宝有了可以包容的对象，让他们俩都不再孤单，因为血浓于水，骨肉相连，这就是手足之情。

手足情深，相互影响

手足关系是一生中持续最久的关系。超过父母——父母一般先于子女离开；超过配偶——在配偶出现前就存在，而且不可变换，并影响着选择配偶的角度、原则和标准；超过后代——时间更长久且影响更深远，是对人生最重要的童年阶段的唤醒和塑造，并对成长和生命模式产生重大影响。

手足的亲密关系，不仅深刻影响他们各自看待自己与他人的态度，也会影响各自生命中的重大抉择，如兴趣爱好、事业、交友、恋爱、婚姻，甚至对成年后的家庭生活持续发挥影响。我至今对我的一位兄长和一位好友抱有遗憾和歉意，因为他们在各自的婚姻出现问题的时候，来征询过我的意见，而那时的我并无处理家庭纷争的经验，只是凭借直觉给予意见，并且我当时坚信着"劝分不劝和"的观点——这在现在看来是多么的浅薄和无知，以及对他人复杂关系的简单化和不尊重。

都说父母能够影响择偶观念，如果还有兄弟姐妹的伴侣作为参考，则更容易了解婚姻——在多子女的家庭，很容易形成评判配偶"好坏"的家族标准,而且这种标准很容易通过家长里短的议论,达成自己的标准——最低标准。因为有了这样的标准,更容易接触、接受和接纳伴侣,增加幸福指数。

没想到,这样的几句推导,就能得出一个很惊人的结论——有手足的人将来更容易获得幸福!

说到手足之情,这也是汉语中的一个成语,流传久矣。这个成语的一个出处恰好完美地体现了其内涵。苏轼在湖州做知州的时候,他写的《湖州谢上表》中有这样几句话:"……皇帝陛下,天覆群生,海涵万族。用人不求其备,嘉善而矜不能。知其愚不适时,难以追陪新进;察其老不生事,或能牧养小民。"宋神宗元丰二年(1079)八月,有官员用这些话来断定他诋毁变法,对朝廷不敬,并从苏轼其他的诗文中发掘出六十多处所谓"讪上骂下"、"公为诋訾"的词句,上奏皇上,苏轼因此下狱,史称"乌台诗案"。事件一发生,苏辙迅速作了一篇《为兄轼下狱上书》呈交神宗皇帝,"乞纳在身官,以赎兄轼",即想用所在的官职赎兄长苏轼。其中有云:"臣窃哀其志,不胜手足之情,故为冒死一言。"也就是说,他们有手足之情,所以他愿意冒死为苏轼向皇帝进言。

我们家当然没有文字狱可下,但两个孩子基本上也能做到为对方着想,特别是哥哥——这可不是天生的,在享受了两年多"唯我独尊"后,现在能够做到包容和迁就妹妹,是十分难得的。在家庭之外，我们常常发现哥哥也时刻记挂着妹妹。他们都还很小的时候，哥哥外出机会多，经常参加活动，总是要向人家多要一份礼品，"再给我一份吧，我家里还有妹妹呢。"

让我印象深刻的一个例子是，妹妹在旅途中闹肚子，开车途中一天忍着没有吃饭（不知道这样的方法好不好，这是妈妈胃痛的经验）。到了下午，妹妹实在是饥饿难当，念叨着各种她爱吃的美食来转移，特别是牛肉面，一遍又一遍。哥哥在另外一辆车上，从对讲机中听到后，没多久告诉我们，前方某地有牛肉面，并且连续三次问妹妹好些了吗。

大宝二宝的手足情深是纯天然的亲密关系，即便有时"阴云密布"、"雷电交加"，也改变不了最终会"云收雨散"、"晴空万里"的结果。

手足陪伴，快乐加倍

爸爸妈妈的陪伴是童年最美好的礼物。在此基础上，再加上小伙伴的陪伴、手足的陪伴，孩子一定会有美丽的童年。

每一次外出游学，无论孩子和我的关系多好，他们总是要抢妈妈，全然不顾我的感受。孩子的幸福就是跟妈妈在一起，而让爸爸做"跟班"。这也是家有儿女的幸福。

行乐及时，童年的陪伴更是如此。

陪伴本身就是快乐，更是幸福。

我有个观点，二孩家庭中，大宝被二宝幼稚化，二宝被大宝成熟化。若这个非科学实证观点成立的话，随着二宝的出生，大宝的童年至少可以延长一年，之后，两个孩子相伴成长，随着二宝的长大，大宝则进入更加精彩的少年期。这个期间大致有十年，我们夫妻俩已经开始怀念总是依偎在我们怀抱中的小宝宝了，走在路上，对别人家小宝宝都会另眼相看。再一扭头，看到自己的儿子女儿，我们知道，他们陪伴身边的这个场景也会让将来的我们感念万分，内心更加坚定：儿女的童年有我们的陪伴，会是他们长大后怀念的日子，反过来，有他们在我们身边，也是我们最美好的时光。

儿子上小学后的头三年，我把大部分的精力投放在家庭中，这种做法受到了很多的质疑，被称为"失去了自我"。与其他家庭相比，这种不同是不是让孩子们也很有压力？我经常挂在口头的玩笑话是："家有俩娃，投资不亏。"意思是，要是只有一个孩子，我们便不会生成这样的家庭形态。

转而一想，这也是生了二宝的好处吧，让我们人到中年有了这么大的挑战和重新选择的机会。

这种家庭形态让我们跟着孩子再次获得了成长的机会，因为花费了更多的时间和精力在家里，所以我对孩子们的活动更了解更有兴趣，孩子们也更了解我的工作和想法，对我的一些社会活动也很有兴趣。

如果稍微放长远去看，我们当了祖父母，现有的二孩家庭将惠及三代的天伦之乐啊，否则，哪里会有小姨家、叔叔家，即便去了外婆家，会不会也很无聊呢？

有一次，我和妻子只带着儿子去参加活动，女儿来电话，没有委屈，反而很高兴。我们还担心会影响女儿的情绪，可她在外婆家玩得不亦乐乎、乐不思归。这就是多子女的好处吧——有小姨、小表妹，还有小宝宝熟悉的可以重温的生活---而这种美好体验要感谢外公外婆的英明决策。

促进夫妻携手

有人说，生娃不就是熬过十个月，生下来就好；育儿也就是哺乳期辛苦，熬到断奶就好；然后再熬到会走路，熬到上幼儿园，熬到上小学……依我们夫妻现在掐指算的结果来看，熬到二宝也上了大学，那才算好呢！

生儿育女的职责源自生物本性，再加上我们特有的人性，不是简单地熬过某个周期就可以万事大吉的，与其苦熬，不如乐在其中。

我妻子有句名言："孩子完全听话的时候就只有胎儿期了，一出生就由不得我了。"

在为俩宝的关系担忧的同时，有些家庭可能会出现另外一个担忧：二宝的出现会不会给夫妻关系以更大的打击？

有了二宝，夫妻二人世界的时间肯定会持续减少，以前两个人一起看电影，现在替换成带着孩子一起去公园或者游乐场，生活方式或许比以前还更健康，这不是更美好的事情吗？已为人父母的夫妻关系中，必定包含着亲子关系。二宝的出现，让爸爸参与育儿的时间增多——毕竟他也有了经验，反过来也能促进夫妻关系和谐。

我知道，像我这样的情况毕竟是少数，更多的人选择在事业道路上奔跑，工作更能给大家带来成就感、愉悦感和满足感。而且，女性选择做全职妈妈，在发达国家的发展道路上，全职妈妈可是立下过汗马功劳的。周国平先生说过："女人比男人更接近自然之道，这正是女人的可贵之处。男人有一千个野心，自以为负有高于自然的许多复杂使命。女人只有一个野心，骨子里总是把爱和生儿育女视为人生最重大的事情。一个女人，只要她遵循自己的天性，那么，不论她在痴情地恋爱，在愉快地操持家务，在全神贯注地哺育婴儿，都无往而不美。"为此，有人大代表提议男人为女人的家务劳作付费。这些都是男女平权意识中的昙花一现，随时会有不同的声音冒出来，也随时会烟消云散。不过，这倒是启发我们的思考：带孩子真的仅仅是家务吗？家庭教育能不能成为一个体力和脑力相结合的创意性工作呢？

即便不能如愿，我们还得强调爸爸妈妈在家庭教育中的良好分工。女性如果选择了做全职妈妈，就不要担心男女不平等、经济孤立、无所依靠的问题，更无需有"我受了这么多年的教育却在家里相夫教子"的思想负担。夫妻之间相互信任，才能用和谐心态去育儿。

铁三角变成更为稳固的四边形

从结构学原理出发，两点地位的固定要靠第三点的存在。雷蒙德·弗斯说："从人类学来看，社会机构中真正的三角是由共同情操所结合的儿女和他们的父母。"婚姻的意义就在于建立了社会结构中的基本三角。夫妻关系不只是婚姻中的两性关系，也是共同向儿女负责的合作关系，在这个婚姻契约中同时缔结了两种相关联的社会关系：夫妻和亲子。从生育子女到抚养子女，再到教育子女，父母对子女的影响无时不在、无处不有。在计划生育的国策下，一对夫妻一个孩子，被称为"家庭铁三角"。但是这个三角形基本上是孩子居于上方，处于某种程度的支配地位，而二宝的到来打破了三角关系的平衡。不过，我觉得四边形家庭是稳定的，而且是超越三角形的稳固。在我看来，家庭三角关系中三个人的关系是固化的、单一的，而一对夫妻和一双儿女组成的家庭四边形是下宽上窄的梯形，夫妻关系永远是家庭的基石，两个孩子各居一角。两两关系更复杂，构成了更多的三角关系，从而更加稳固。

在实施了数十年的计划生育国策后，"421结构"的家庭已经成为社会常态,在公共医疗社会保障服务水平不断提高的当代,人们的寿命在延长,一个人供养(不只是物质供养)六位老人的局面即将大范围出现,人们不生二宝是为了给独生子女满满的爱——父母+外公外婆+爷爷奶奶的爱,但反过来也可能把孩子的将来推入到一个人独自付出给六位老人的爱的困境!

如果任由"421"结构发展下去,……64-32-16-8-4-2-1,这不正是衰败的数字游戏吗?

丰富的社会关系有助于孩子的历练。现在很多独生子女家庭非常重视这方面的调整,会寻找各种各样的变通方法,例如社区聚会、同伴出游、同学相伴……可是"变通"的意思也包含了"偶尔为之"的意思,好像是定期去参加"手足之情兴趣班"一样。但是,靠别人家的孩子来弥补"先天不足",终究不是长久之计。

我们的生育观念对孩子的影响巨大。多年后,我们的孩子该做父母时,他们愿意生养几个呢?儿子说要生3个,女儿的数字会改变,最近的一次计划是要生4个。女儿认为我们养育子女很有经验、很有水平,将来"一定请外公外婆来带外孙们"。

看来,我们养育二宝的经验最起码影响和帮助了两位未来的主人翁。

我在各类讲座中,总会提倡大家"趁年轻,不管有钱没钱,再生一个","要是不能……"此处一停顿,常有人会心地笑起来,"笑得这么开心,说明你还能生喽?"……孩子带来的快乐,教养子女带来的满足，远远超过"当时"对权钱名利的追逐，足以抵消"当时"付出的辛劳和困苦。

手足有时候也在为对方分担，无论这种分担是有形还是无形的。在我们家，会出现这样的情况，妹妹的扬琴练习到了一个瓶颈期，妈妈就会连续几天盯着她苦练，练到妹妹眼泪汪汪。哥哥乐得清闲，做完作业就自己干自己喜欢的事。有一次，妈妈问他的英语学习情况，哥哥很"好心"地说："妹妹该弹扬琴了。"

有段时间，妈妈又去盯哥哥的数学，这时候妹妹没有参与旁听，她就和我做做手工，写写画画，不亦乐乎。

要是只有一个孩子，妈妈还不一门心思盯住不放，哪里有"偷得浮生半日闲"的快乐，毕竟对于上学的孩子，被妈妈盯牢是一定的！这也是双胞胎享受不了的美好感觉——进度太一致了。

时间上如此，空间上也如此。

两个孩子一人一间房，空间还会增多？当然，物理的空间没变，变的是两个孩子各自的生活和社会空间。两个孩子的童书多了，于是书房书架增加了好多；两个孩子看电视，屏幕小了点，干脆来一个大投影；很多博物馆、美术馆展览或活动，一个孩子可去可不去，两个孩子就有更多的需求了，那就非去不可啦……

第三章 给每个孩子百分之百的爱

政策解冻，开始琢磨生二宝的人多了。想要二宝最担心的是什么？经济？对大宝不公平？太辛苦？

刚刚调整回来的生物钟、生活习惯（因为第一次当父母被强行调整过一次，有别于单身和二人世界的习惯）再次紊乱，再一次的睡眠不足、情绪浮动，再一次被配方奶、尿不湿包围……

这样的担心是有原因的，也是理性的考量，特别是适龄生育人口目前集中在上个世纪80年代至90年代出生的人群，正是"只生一个好"的宣传攻势覆盖人群，也是独生子女比例最高的人群……在经济与育儿的双重压力下，他们难以用自身缺少的"多子女幸福感"来对抗的。以上这些论点还只是"纸上谈兵"，而女性要遭受第二次生理的改变——这种痛苦是男人无论如何都无法体验的。从这些角度说，生育二宝需要极大的勇气。因此，是否生育二宝，在双方平等协商的基础上，要以尊重妻子的选择和决定为第一要务。然后，适当地做一些准备工作，不仅仅是要做好身体准备，更要做好心理准备。

"一碗水"变"两碗水"

每一个二宝的到来，都会打破家中原有的均衡，并且带来一个所谓"爱的公平"问题。在对两个孩子爱的分配问题上，是父母对每个孩子都给予百分之百的爱，而不是一百分的爱平均分配给两个孩子。俗语"一碗水端平"，很多人认为的是有一碗水，端平，给大宝不能少，给二宝也不能少。其实，你直接端两碗水就好了。现在的社会，也不存在只有"一碗水"的情况。"一碗水"是爱，爱是什么？爱是我们给予孩子的关爱，是我们陪伴的时间，是最大和最重要的"一碗水"。

从这个角度，我们也不必觉得有了二宝对大宝是不公平的，剥夺了他原本可以独享父母的精力和关注。其实这个想法是错误的、狭隘的，有了二宝不仅不会减少父母对大宝的爱，反而让孩子懂得分享，懂得理解、体贴。拥有这样优良的品质，对大宝难道不是一笔宝贵的财富吗？

解决大宝的心里难题

生二宝对父母来说，确实是个大难题；对大宝来说，也是不容易忽视的问题。生二宝这个事，父母一定要了解大宝的内心想法，哪怕他自己还是个小宝宝。要注意，等二宝出生时，大宝也长大啦。大宝对二宝的感受与对待方式所产生的影响大于二宝对大宝产生的感受！建议父母对大宝多点观察和体谅，去了解他对二宝的感受，并为此做一些准备。

试探是运用得最多的一种。

"你喜欢弟弟，还是喜欢妹妹啊？""我就是要一个弟弟，我可不喜欢小女孩。"

当妈妈的肚子慢慢隆起，即将有一个弟弟或妹妹成为一个事实时，让他来猜猜是弟弟还是妹妹。

搂着他，让他听听胎儿的心跳，和他讲讲他在妈妈肚子里的一些事情——我们家给二宝照了胎照，没想到成了一个很容易让儿子接受的话题，他对模糊的影像很好奇，没事儿就拿出照片和自己现在的模样进行对比，看看哪里像，哪里不像。有时真把自己和肚子里的二宝画了等号。

就算一切都铺垫得很好，大宝流露出貌似完全接受的"表现"，但这不代表大宝对二宝的出生就不嫉妒，不能想当然地以为："我们生二宝你也是同意的啊"——而完全罔顾"你"当时仅仅是个小孩。

如何谈论关于二宝的话题

在做通了大宝的思想工作后，我们可以适时跟他谈论即将出生的二宝，通过多次的谈论来确保他从心理上真正接受二宝的出现。所以，我们必须注意到什么时候谈，怎样谈，谈些什么。具体可以从以下几点来把握：

首先，根据其年龄、理解能力、当时的生活（生长）状况来决定以何种方式来谈。

要知道他年纪尚小，对时间没有明确的概念，当他被告知要有个小宝宝时，未必知道十月怀胎，会以为明天或者没几天就来家里了。于是，好几个月过去了，这个小家伙还没有出现，会降低他的热情。比较好的方式是给他一个明确的概念，比如到了冬天，过了生日之类和大宝有着直接认知的某个时间点。

其次，多与大宝相处，不要因为怀孕而中断了和大宝已经形成习惯的一些亲子活动，要坚持做下去，比如固定的亲子共读、一起看视频、户外散步等活动，尤其推荐读相关绘本，这是帮助孩子表达情绪的一种委婉间接的好方法，孩子可以通过故事了解和联想到平常没有搞明白的概念，有了弟弟妹妹，家里会发生怎么样的变化，怎么当哥哥或者姐姐之类。当然，在告知孩子生活会有变化的同时，要让他们明白这种变化不会影响爸爸妈妈对他的爱。相信这样会减轻他的不安，更让他可以对自己有信心——爸爸妈妈了解他，并且关心他，自己依旧是爸爸妈妈最重要的人。幸好我们生了一个儿子和一个女儿，我们因此有了一个偷懒的说法：你是我最爱的儿子，你是我最爱的女儿！

告诉大宝我们很爱他。儿子葫芦和妹妹相差 2 岁 7 个月。自从葫芦当上哥哥后，我们的担心日益增多，担心多出来的父女、母女、兄妹关系"伤害"到葫芦，这也表明，那时候一切以葫芦为核心。从妻子怀孕并且确认要二宝开始，我们就采取各种方法进行铺垫，说得最多的是"我们永远爱你"，这时，后面有一个尾巴了："还有肚子里的小宝宝"。葫芦是个善解人意的好孩子，两三次的铺垫以后，葫芦就说："妈妈再给我生个小弟弟吧。"原来有个弟弟也成了他所希望的事。

第三，要考虑该给大宝塑造什么样的二宝形象。

闯入者？威胁者？

怀二宝的时候，我们基本上认定还是个男孩。妈妈常常跟儿子说，弟弟会跟你长得特别特别像，但是比你小好多好多，你刚出生的时候像只小奶猫那么点大，弟弟也是这样哦。不过虽然他还只是个需要保护和照顾的小不点，但是会带来很多乐趣，当然也有麻烦，比如会哭，要吃奶——跟你小时候一个样……这些都有助于促进大宝二宝之间的友善关系。

"小弟弟的痒痒肉在哪里？是不是跟你一样在脚心，还有胳肢窝？"

"小弟弟会不会喜欢你握着他的手？""他的手那么小！我可握不住。"

"小弟弟会不会吃手指头啊，你小时候可没吃过。""那我能和他一起吃么？"

"当年你在妈妈肚子里时，爸爸总是唱《月亮代表我的心》给你听，不知道他是喜欢爸爸来唱，还是喜欢哥哥来唱？""爸爸，你来教我吧。"

同样的话题不一定适合所有孩子——幸亏大宝是我们自己一路陪伴长大的，我们有很多共同的精神密码，这些共同的精神密码，可以让我们投其所好，或者看菜下碟，找到与大宝容易产生共鸣的话题作为切入口，使大宝愿意也乐于与我们分享他的感受。

毕竟，大宝是个孩子，他确实有着天生的好奇心，但也要注意孩子的反应，看他是否有兴趣了解更多。在我们家有一种话叫"大熊的话"，换个成语就叫"画蛇添足"，更通俗点说就叫"废话"。在大宝明显对二宝的事情没有兴趣时，就不要讲太多，不要强迫孩子对看不到的小弟弟、小妹妹产生太多的关注。

让大宝参与迎接小弟弟、小妹妹的各种准备工作。要不要去你出生的那个医院看看啊？上次就是那个医生把你接到这个世界上的，特别细心、技术高超，这次要不要还请他啊？翻出大宝婴儿时的照片，看看他出生前后的一些物品，问问他还要不要，是不是可以买新的？（说个后话：有一天，在孩子的小姨家里看到外甥女穿着我儿子和女儿都穿过的小衣服，大家谈笑着，一下子就感觉特别温馨。）哪些用品可以给二宝用啊？回到家里住哪里啊？婴儿床能给小宝宝用吗？

这些话题，有些大宝很乐意参与，有些却不以为然。也不是自己的东西都舍得给二宝用，不到 3 岁的孩子保护自己的东西是太正常的事情了，"我的"概念还未形成，不知道什么是拥有的安全感，又怎么能学会分享呢？直到哥哥4岁以后，对妹妹（还有他愿意接受的其他人）才大方很多。

若是你家的大宝对此无动于衷，就不要让这些"无聊"的事去打扰他——你可能会惊奇，这些事怎么会无聊呢？有趣也好，无聊也罢，这只是成人的看法。

要提醒的是，以上这些方法也不要聊个没完没了，也不要很多次地、刻意地、专门地讨论，也不要集中讲读很多有关新宝宝的故事和绘本。说不定过犹不及，会产生负面作用，让老大倍感压力呢。

有时候，不公平就来自这些逐渐累积的压力。本来，从生物角度来看，二宝的到来当然会给大宝带来压力，我们再不做一些社会化的努力，不公平的种子就深深埋进了大宝的心田。

总之，一旦决定要养育二宝，更要珍惜大宝作为独生子女的时光，尽量安排出时间多与大宝相处，给大宝一个明示或暗示，虽然妈妈肚子里有了小宝宝，但我依然喜欢和你在一起——让大宝觉得被重视，也有助于让他们将内心感受说给妈妈听。

第四章 当大宝遇见二宝

最佳年龄差

在我国还没有实施计划生育政策的二十世纪五六十年代，大宝和二宝之间的间隔平均在 2.7-3 年之间，七八十年代平均生育间隔降到 2 年左右。随着政策的调整，大宝二宝之间的生育间隔逐渐上升，二十一世纪以来都是在 5 岁以上，高于欧美国家平均 3 岁左右的间隔。

从教育周期来考虑的话，差 3 岁，一个小升初，一个初升高，家长会比较累。还有一个更重要的考量是，年龄差 4 岁，就可以避免二宝正在哺乳期的同时，大宝正经历上幼儿园暂时与父母分离的焦虑。小孩子刚踏入社会，他会需要父母更多的关爱。此时，逼着大宝天天上幼儿园和父母分离，另一边却是二宝的出生，孩子会把两者联系起来，认为父母是因为有了二宝，必须让他上幼儿园。他可能会担心，父母是不是不想要我了呀，从而产生一种被抛弃感。所以，年龄的差距肯定对手足关系的亲密度有影响。

谈谈我自己的感受，我有 3 个哥哥和 2 个姐姐。我的小哥和我差2岁，记得小时候自己总是跟在哥哥后面玩。特别是上了学以后，我哥在体育项目上表现特别出色，是小学篮球队的，我很崇拜他，也特别想超越他，但是非常不容易，好在那个时候的三好学生评选中，更看重学习成绩，因为我的成绩很好，总能评上三好，让我的幼小心灵得到了一些慰藉。我小哥比我高一届，他的很多同学都认识我，我们长得也像，经常有同学认错。我考上了大学，小哥很高兴，为此感到骄傲。那时候他刚开始工作，收入不多，每月还省吃俭用地给我寄钱。不过，兄弟间的战斗也是少不了的，大约在中学的时候，现在都不记得为了什么事情，我俩狠狠地打了一架，最后都鼻青脸肿地回家。

我二哥长我6岁，总是以管理者的身份出现。那个时候，大哥和两个姐姐都不在家，二哥有点儿长兄如父的感觉，其实，他也是被逼着成长的，爸爸妈妈工作忙的时候，他照顾我们俩小的，很早就学会了做饭做菜。我和小哥都记得的一件事是：明明做好了饭菜，开饭的时间也到了，我们早早坐到了桌旁，却被二哥勒令不许动碗筷，以至于以后我看到小狗等待开饭时，就想着自己也曾如此一般。还记得有一次桌上有盘土豆丝，我偷偷拈了一根塞嘴里，被二哥发现了，打了顿屁股，以至于土豆丝从此成为我最爱吃的家常菜，看到土豆丝就想下手去抓。

大哥和两个姐姐与我的年龄差距都在12岁以上，没有童年的交集，这样的哥哥姐姐只是把我当作值得怜爱的小屁孩，何况那时候他们仨都在外地工作了，像我大姐比我大 19 岁，我五六岁时总是喜欢到她的厂子里去玩。在大姐那里吃香喝辣，住在她的宿舍里，她的姐妹们貌似都很喜欢我，到了我成年后，还有几位老大姐能认出我，说出我当年的一些事情来。

相差 10 多岁，哪里有什么严重的矛盾？不过较大的年龄差，会导致孩子们不一定能合得来。

但孩子间未来的亲密关系是动态的，不能仅靠年龄差距这单一的、静态的因素来预测。

年龄差距最小到几岁合适呢？个人觉得至少 2 岁。当大宝不再是个婴儿，约 2 岁半以后，有了自我认知及一定的社会性，开始愿意接受妈妈以外的"他人"，否则，妈妈既要和大宝母子一体化，又要全身心地照顾新生婴儿，会抓狂的。

差距不大的一个好处，特别像双胞胎那样，事情虽然很多，但难度不大。而照顾两个年龄差距较大的孩子时，是很难同时满足两人的不同需求和兴趣点的。

二宝对于大宝的意义

孩子大了一般不记得自己的婴儿期是什么样子。二宝出生后，正好可以在大宝有记忆能力的时候，让他理解和知道小宝宝都什么德行。这也有助于让大宝更容易接受二宝，甚至可以减轻这段时间因为父母对于二宝的关注所产生的焦虑感和不公平感。

我们会定期把儿子小时候的相册，以及视频找来观看。其实做父母的隔段时间看看这些，心中也是无限感叹——一方面觉得孩子小时候好可爱啊，借此抵消因孩子的长大带来的"伤感"；另一方面，对自己狠狠地赞扬一番，那么痛苦的时期都能扛住，真是了不起啊。

儿子很喜欢看自己过去的照片，和小妹妹的样子几乎没什么区别，有时候我们都会混淆他和妹妹的照片，而他自己偶尔也会出错，把妹妹的照片当成自己的。这样的小事，可以让我们一起重温大宝还是小宝宝时给大家带来的温馨感觉，大宝也能从中看到自己过去的可爱模样，从而移情到对二宝的接受和喜爱上。

我家里的照片墙上有两张相邻的照片：一张是妈妈抱着襁褓中的二宝，儿子也来凑热闹，双手伸向妹妹，笑眯眯的模样；第二张是妈妈笑得花枝乱颤而儿子面露诡异的表情——照片背后的故事是，妹妹当时拉臭臭了。

大概就是那个时候，我们家开始有了"相亲相爱"的小仪式：只要有一个人说"相亲相爱"，我们就聚拢在一起亲一亲。本来，我们是担心大宝因为我们都去爱二宝而失落，所以想通过这种拥抱和亲吻的方法告诉他，从小宝宝到现在，你依旧是爸爸妈妈最爱的儿子（注意这个"最"字，是因为我们是一儿一女，才敢这么说）。这个仪式就一直持续下来了，也有助于家庭成员之间的爱意表达。

我们给大宝的期许，一直是动态的，千万别说："小宝宝可以陪你玩啊！"——这听起来看起来都不像是真的——一个只会哇哇大哭张嘴吃奶，随意就在尿不湿里大小便的小娃娃能陪着大宝玩？之前说过，同为幼儿的大宝根本没有搞清楚时间概念的能力，他看到妹妹现在的样子，怎么可能想到将来她会成为同自己一起玩耍的伙伴呢？

跟对孩子的安全教育一样，我们尽可能科学客观地对孩子讲述，二宝出生后会对妈妈爸爸和大宝现在生活有哪些影响，帮助大宝建立对妹妹的正确期待。

一般来说，可以从和大宝讨论二宝出生后的照看问题入手，不仅仅是调整期待，也可以减少他的不安。我们提出请外婆来配合妈妈一起照看新出生的妹妹。儿子也是外婆从小带大的，外婆对儿子钟爱有加，儿子对外婆也是喜欢得不得了，所以儿子欣然同意，并热烈地加入讨论。这样一来不但可以让二宝得到经验丰富的外婆的照顾，另一方面大宝对外婆的熟悉和喜爱，也能降低另请他人来照顾新生儿让他产生的隔阂感。

此外，2岁以后孩子的自我意识萌芽，知道了这是"我的"东西，对自己的东西有了占有欲，并且开始进入秩序敏感期，执拗地坚持特定的东西要放在固定的位置。我们应该尊重和顺从大宝的这些感受，不要随意地将他的东西挪作他用，特别是给二宝用——不是不可以用，而是这个时候要尊重大宝。需要用的时候，一定要得到大宝的许可。

二宝出生后，我们可以给大宝一些专属物品，如自己的书架、自己的箱子，让他把自己钟爱的东西收拾起来，也顺便培养他的收纳和整理能力。

第一次见面

二宝要出生了，妈妈得去医院住几天。也许医院是怕打扰到其他病人，所以规定不许小孩探视。这个规定可难为了大宝，且稍稍有些不够人性化，不提妈妈和大宝的长时间分离（剖宫产住院至少5天），单说迎接二宝到来这样一个家庭中重要的时刻，让大宝缺席也有些不合适。所以希望随着二孩家庭越来越多，医院的规定能稍稍改进一下。分娩当天，为了让大宝看到新生儿，我带着他从医院大楼后的员工通道进了门，从楼梯上了二楼，从楼外的消防梯上了三楼，然后请小姨夫在走廊里"放哨"后，才将儿子带到了病房。

我家儿子是头一次和妈妈分开这么多天，在电话里哭着说想妈妈。妹妹出生了，哥哥也没法第一时间看到。过了大半天，挨到傍晚时分，家人们成功将儿子"偷运"到了病房。幸好住的是单间，尽可能地降低了对其他产妇的打扰。

儿子看到一点点大的妹妹，关心地问了一句："我当时也这么大吗？"

看样子，他对我们跟他描述的"你刚出生的时候啊，有 6 斤 6 两，53 厘米高"终于有了一个具体的印象了。

我有点儿忘了，二宝给大宝的见面礼是在医院里送的，还是出院后送给哥哥的。反正他很高兴，也许会觉得奇怪，妹妹怎么知道他喜欢什么呢？新生的妹妹"托"爸爸妈妈送给哥哥一套他当时最喜欢的 TOMY 高架火车。

大宝第一次到医院探访时，妈妈尽量不要抱着二宝或给二宝喂奶。不是担心大宝嫉妒，而仅仅是一个行为上的提醒：几天未见，他肯定急切地想跟你亲近，而你会因为抱着二宝或者因为要喂奶而冷落、拒绝他的亲密行为，更有甚者提醒他要注意别碰到二宝啊，别挤到二宝啊等等，这对他来说，都是难以接受的。

爸爸妈妈中的一个还要很亲密地照顾大宝。

同时嘱咐那几天照顾大宝的外婆和小姨，不要过多地关注二宝，特别是态度不要猛烈转变。

引导大宝这样做

生了二宝，我们请外婆再度出山。为了能在教养二宝时既能保持带大宝时的经验，又能吸取当时的教训，我们还提前专门跟外婆做了交流，特别是希望她能以满足大宝的需求为第一顺位。但这个要求遇到一些小阻力，因为老人认为哥哥让妹妹是天经地义的事。同样的叮嘱也跟最亲密的亲属沟通过，请他们务必注意对大宝不可"轻视",免得制造出"情敌"——出于对母爱的争夺而敌对二宝。

英国发展心理学教授朱蒂·丹做的一项突破性的研究指出,在新生宝宝出生后的头几个月,父母若能多告诉哥哥或姐姐有关小婴儿的需要和感觉,会让这些孩子对弟弟或妹妹产生较亲密的感觉;同时,也能增进日后手足间的友好关系。

我们可以尝试以下的做法:

【向大宝强调二宝对大宝的兴趣】

曾经有段时间,一岁多的妹妹特别喜欢听哥哥说话,只要哥哥说话,妹妹就傻笑个不停。于是,我们经常这样对大宝说:

"妹妹正在找你呢,她喜欢听你讲话。"

"你跟妹妹说话,她朝你笑呢。"

教大宝如何逗二宝笑也很有意思。可以让大宝凑近一些,告诉他"小宝宝只能看到这个距离的人呢"。一旦,孩子间的交流有效,可以向他强调"你一逗她就笑啦,妹妹很喜欢你,你能让她哈哈笑呢"。

"来,我们看看妹妹脚心痒不痒,小肉肉痒不痒,笑不笑?"

"要不,我们做个鬼脸?"

【放手、放心让大宝和二宝一起玩】

二宝开始有认知的时候，我们和大宝一起跟二宝玩藏猫猫的游戏。我们都知道，这样"智商很低"的游戏，却依旧为幼童的老大所喜爱。而对二宝来说，除了她最爱的妈妈外，还有哥哥陪着她傻玩，该是多么地心满意足啊！

【让大宝在能力范围内参与照顾二宝】

记得有次妹妹拉臭臭洗过屁屁后，放到床上准备穿纸尿裤时，妈妈才发现纸尿裤等物品放在沙发上了，就请还不到3岁的哥哥帮忙。哥哥很快拿来了，大家都夸哥哥长大了，能帮助妈妈做事情了。这让儿子以后都很乐意帮些小忙。当然如果是他正做自己感兴趣的事情时，就不要勉强他来帮忙了。

搭建俩宝之间的桥梁

在四口之家中，爸爸妈妈是最重要的双边关系，儿女总会率先跟父母有着亲密和良性的沟通。而我们就应该利用和儿女的亲密关系，搭建俩宝之间的桥梁。

【强调关系】

在跟大宝谈到二宝时，使用"你的妹妹"这种称呼，避免通用称呼"小宝宝"这样的说法，也不要急着称呼二宝的名字。

现在儿子一般都说"我妹妹"，很少叫妹妹的名字。当然这是儿童的习惯，但其实也是我们注意称呼的结果。

【建立习惯】

这是我们家比较擅长的事。

一个新生儿的出现，如果真的彻底改变了原本的家庭秩序的话，再"懂事"的孩子也会觉得郁闷和不平。

妈妈和二宝回家后，我们宁可坚持四个人睡一个屋子，也不拒绝大宝继续腻在妈妈身边的请求。

三餐时间、睡觉时间、亲子故事时间……原本大宝跟妈妈一起入睡的习惯是不是受到影响？那个时候儿子还没有独自睡觉，而是跟着外婆睡。从大宝出生到 2 岁都是外婆参与照看，所以，儿子还是很适应跟外婆睡的。不过，有时候很明显，儿子过来赖床不走，是有点儿小小的嫉妒。于是，我们又制定了一项新制度：每周有一天爸爸、妈妈、哥哥、妹妹挤在一起睡。儿子对这个制度很是欢喜，也就冲淡了他的嫉妒之心，纠正了争抢行为。等女儿大点了，也喜欢上这个小仪式，总是主动提出请哥哥来挤一挤。

当然，随着孩子长大，我们也逐步降低频次，从一周一次到一月一次，到不定期了。甚至很"无耻"地提出一些附加条件，比如，表现好了，或者这一个礼拜能按时睡觉了……

2015 年的寒假游学中，有 10 个晚上要在宾馆睡觉。女儿就是想和妈妈一起睡，儿子本来是不在乎的，妹妹的反复强调，反倒让儿子开始争抢——好像跟爸爸睡一个床是个惩罚似的。我们是先让兄妹商量着来，可是妹妹对此霸道得很。于是，我们只好搬出游戏精神来，比一比当天晚上谁先睡着，次日晚上谁就跟妈妈睡。二宝的自制能力可见一斑：为了能占住妈妈，往往是女儿率先睡着。

【尊重不同】

每个孩子都完全不同，即使出自同一个家庭。我们很快就发现，从喝奶、睡觉、吃辅食、身体发育等方方面面来看，大宝和二宝不尽相同。诧异之余，我们定要尊重大宝已经形成的反应模式，而不是用对二宝的"修正过的"、"更科学的"养育方式去改变大宝。

举个例子，大宝的睡眠有些问题，当初我们缺乏合理指导，最后形成了需要"动着哄"的行为模式。大宝小时候闹觉的时候，都是我抱着他，用很"传统"的方法，横向晃动身体，形成摇篮之势，我还哼唱着《月亮代表我的心》。约摸 10-20 分钟后，他方可睡觉。可是在这种模式的照顾下，他的睡眠都是浅睡眠，一点儿动静就能惊醒。我们也琢磨了很多将哄着入睡了的儿子放到床上而不惊醒他的方法。还经常为此洋洋自得："哼哼，我厉害吧，一次成功！"有时又悲痛不已："瞧瞧，好不容易哄着了，关个灯又醒了……"有了二宝后，我们形成了较科学的哄睡方法。那时，儿子偶尔还需要哄觉，但我们也没有按照二宝的方法，还是抱着儿子晃着晃着他就睡着了。

【性格使然】

性情随和的孩子，比不随和的孩子容易适应二宝的到来。有时候，我们也很庆幸，儿子是个随和宽厚的性子。

这是他身为大宝的福分，还是他的遗憾呢？二宝天生就和"随和"距离挺远。有时候，我会假设：如果妹妹是大宝，她会怎样？

在怀孕的时候，有个说法是，这个孩子很"养妈妈"，说的是不给妈妈添麻烦的"乖"胎儿，相对有些胎儿就把妈妈折腾得够呛。有些新生儿或许继续发挥爱折腾的本色：吃喝不好啊、吐奶啊、夜哭啊、闹觉啊，总之是需求很多。新生儿天生的个性对今后俩宝的相处影响巨大：总是给妈妈带来麻烦的弟弟妹妹，较难得到大宝的喜爱，而一个乖宝宝一定更容易被接纳。

这种关系是会互相影响的：一个难以相处的新生儿，会让大宝也变得焦躁起来；而一个随和宽厚的大宝，也会让二宝更加地讨人喜爱。

【大宝真的会成为养育二宝的帮手吗？】

前文谈到，在照顾二宝时，我们可以请大宝帮着做些力所能及的事。在我的印象中，没有发现大宝拒绝或不满的情形，但也无法得知大宝是否对此有些看法。有时候我们是为了让大宝亲近二宝才这么安排的，大部分时候我们自己就可以把事情做好，而不必要大宝的帮忙。或许这样好一些，如果对大宝帮助照顾二宝要求太多，抱有过高期望的话，估计会有更大的失望。

外婆则很在意树立哥哥可以帮助妹妹的形象。为了缓和他们的关系，我们有段时间特别强调哥哥什么事情都能想着妹妹。妹妹2岁多时，自我意识超级强大，开始排斥哥哥了。偏偏儿子向来是个大大咧咧的孩子，跟我小时候一样，属于瓶子倒了都不扶、地上有垃圾绕着走的德行，就别指望他能成为 Baby Sister 了。女儿和儿子完全相反，当她的小表妹出生后，女儿立刻就喜欢上了这个小丫头，而小婴儿也立马给予回报：在我们一家四口中，她只对女儿大感兴趣，然后成了女儿的超级粉丝。

女儿对小表妹的照顾，完全是自发自愿的，我们并没有期望她做很多，甚至我还持反对观点，认为6岁的女儿无法准确安全地抱着1岁的小婴儿。但女儿内心的主动性使得她有机会就尝试，也感谢小姨的大度，对于女儿的几次尝试都给予支持。

一旦孩子愿意参与对婴儿的"照顾"，我们会让她知道婴儿对此的反应，以形成良性循环，也是在引导女儿关注小表妹的感觉。这样的好处是，妹妹会更能感受到哥哥对自己的照顾。

【避免给孩子特殊评语】

大宝是否参与对二宝的照看，不能成为对大宝进行评断的指标。千万不能因为大宝帮了妈妈的忙，而给他"你是妈妈的好宝宝"、"你真像个有责任的大哥哥"之类的标签性的评价。这也许让你困惑，这不是正面的评价吗？但有时候正面的评价也会产生负面的影响，孩子会以为当他照顾二宝时，才是妈妈的好宝宝，或者他必须是个有责任的大哥哥，才能得到妈妈的爱。

比较好的做法是就事论事，给大宝一些容易达成的任务，就结果来表扬他，甚至是表扬他完成这项任务的能力。有一阵子，哥哥很乐意帮妹妹取奶瓶、调牛奶要用小勺子舀取适量的奶粉放到奶瓶里。这个时候也不要担心孩子做不好，而阻止他的热心，只要给他做个示范，然后交给他自己去做，在必要时进行指导就好了。

妈妈不仅表扬哥哥真能干，而且指出哥哥可以帮妹妹调牛奶了，真是帮了妈妈的忙。在称赞大宝的能力时，主要是提醒大家，不要每次都和二宝扯上关系，这也是在强调：二宝不是那个时候唯一的焦点。

看来，有了二宝的爸爸妈妈要更加谨慎起来，否则敏感的大宝会通过他能感受到的蛛丝马迹来判断父母对他的爱是否在减少。说起来有点儿吓人，但实际上就是这样。其实，满足孩子对爱的需求不是因为有了二宝才去注意的，这本来就是我们父母的必修课。

第五章 大宝对父母的考验

即使我们做了很多的准备，大宝的内心我们也未必全然了解。即使大宝很容易沟通、很愿意接受二宝，可孩子的想法和行为是动态的，说不定过几天就变了。或者，在犹豫当中会做出一些考验父母的行为。有时候，我们发现二宝出现后，大宝变小了。对此，我们又该如何面对呢？

考验父母的行为

曾经看到一条新闻，恰巧适用本节主题，稍作删改介绍给各位：

重庆市九龙坡区广厦城外停放的16台小轿车被不同程度划伤，车主熊先生将划车者当场抓住，居然是一个只有12岁的男孩小杰，他为何会这样做？

看到民警，12岁的孩子小杰哭了起来，并且承认车是他划伤的。小杰的母亲陈女士赶到后说，自己和丈夫离异，独自带着小杰生活，现在已有男朋友，并且怀孕4个月。"儿子知道我怀孕后，一直闷闷不乐，说不想要弟弟妹妹。"陈女士说，平时自己对儿子关心不够，儿子在她怀孕后多次冲她发火，他担心有了弟弟妹妹，得到的关爱会更少。

小杰也告诉民警，自己想得到妈妈更多关爱，之所以划伤车，是想引起母亲的注意。"这是情绪的释放和发泄。"重庆晚报记者咨询了协和心理所所长谭刚强，他认为，小杰的行为是在发泄情感，也不排除有恶作剧的可能。小杰对母亲怀孕一事耿耿于怀，是因为他得到的关爱不够多，对未来没有信心，陈女士如果要生第二胎，她应该给予小杰更多的关爱，平时多安慰小杰，告诉他不会因为弟弟妹妹失去关爱，反而能得到更多乐趣。

谭刚强说，目前许多家庭都在考虑生第二胎，他建议在怀二胎之前，一定要跟小孩先沟通，灌输弟妹意识，并且慢慢让小孩理解自己不会因此受到冷落，如果小孩的反应十分强烈，建议暂时不要第二胎。（原文刊载于《重庆晚报》）

大宝会故意做一些惹人生气的事，故意做出平时被禁止做的事，这就是所谓的"考验父母的行为"：有了弟弟妹妹，我不确定你们是不是还那么爱我，因此，我来制造些麻烦，看看你们会怎么对待我。12岁的小杰的行为大概就属于这类"考验行为"。

如果父母事先做好了铺垫工作，大宝虽然偶尔也会有"考验行为"，但"杀伤力"就会小很多。

而如果对于二宝的到来没有做好铺垫，那么之前一直被百分百的爱宠大的大宝，此时可能会做出一些攻击性较强、针对二宝甚至针对他人他物的行为，且年龄越大，攻击性越强。

有人会说小孩子怎么会有这样的缜密心思？其实这并不是慎重的行为，而是幼童的率性行为。我儿子也曾有过故意制造噪音的行为。他玩玩具的时候，声音大了点，外婆说："安静点，妹妹在睡觉呢。"结果在那段时间，儿子玩玩具的声响就会比平日里大很多。

还有，妈妈照顾二宝的时候，儿子会跑过来，要求干同样的事，比如要抱抱，甚至也要求喝母乳。

这些行为是孩子正常的反应，我们只有以更多的耐心和爱心，潜移默化地缓解大宝的忧虑，才能让他充分体会父母一成不变的爱心，才能通过大宝的考验，而仅仅依靠说教和定规矩是没有作用的。

一个基本观点是，用温柔而坚定的态度，处理大宝对我们的考验，让他知道，我们尝试着去理解他的烦恼，但我们不接受那样的行为。特别是，伤害到自己、他人，以及他人财物的行为。

大宝"变小"了

哥哥还不会理解,作为新生儿的妹妹和他的差距。比如,妹妹完全依赖妈妈爸爸的照顾,所有的需求靠哭来表达。而哥哥已经会用语言表达了,而妹妹则需要至少等1年才可以;哥哥自己已经会走能跑了,而妹妹还需要等上10个月才可以。

其实,当时哥哥才3岁,他也会用一些跟二宝类似的方式来表达需求,有时候没有需求,只是为了表达情绪。为了争抢妈妈的怀抱,又哭又闹,缠住妈妈,本来已经"懂事"的孩子又变得"不讲理"了。

突然想到,大宝会被二宝给"拽小"了,是不是因为大宝看到了幼小的好处,而倾向于跟二宝一样的举动?

比如,"我也要吃奶奶","我要用奶瓶","我要在小婴儿床上睡觉"。

其实,直到哥哥都成了小学生,还经常嗯嗯啊啊地不说话,模仿小baby的样子。

父母还是要多多地包容孩子的"开倒车"行为,但这真的要有牺牲自己精力的准备,毕竟要面对两个孩子的母爱需求,以及更多更复杂的关系处理,体力上的消耗都算不上什么了。我也是当了全职爸爸后,才体会到了原来妻子的"崩溃",以及"我要抑郁了"的心理痛苦。

那具体如何应对大宝"变小"呢?例如,要是大宝提出"我也要用奶瓶喝水"这种问题时,应如何处理?比较好的方式是,单独给大宝准备一个奶瓶供其喝水。当他享受这个过程时,也要跟他提出要求:"你要是觉得自己可以不用奶瓶了,就告诉我们吧。"这样的表达重点是突出他的能力,而不是情绪化地反对:"你还要用奶瓶,你又不是小 baby!"

有时,孩子在觉得被妈妈疏忽时,会有委屈,故意不要妈妈,转而想从其他家人那里求得补偿。我家儿子确实有一段时间跟妈妈有"敌对情绪",现在回想起来,那时候我还洋洋得意呢,儿子跟我多亲啊!那时儿子要我抱的次数增多,几乎全要我来给他读书,拒绝妈妈给他喂饭、穿衣服等。那时妈妈沉浸在给二宝喂母乳的痛苦中,缺少睡眠,加上轻微的产后抑郁,让她无暇关注儿子的这些反常现象。好在有爸爸和外婆更加细心的呵护,儿子的不安和焦虑很快就过去了。直到妹妹 2 岁前后有了自我意识的萌生,真正地开始跟哥哥抢夺"地盘",这才又激发了儿子的斗志。

优先满足大宝

理论上,大宝二宝的需求都需要立即响应,但有些情形下,率先满足大宝的需求更重要。

尤其在大宝还不明白时间和等待的概念时,更应及时响应他的要求。否则,孩子不仅仅是情绪低落、沮丧,甚至愤怒,更可能会自我总结为"妈妈爸爸要照顾二宝,就不理我了",

进而开始思考对他而言的一个终极问题：是不是爸爸妈妈开始不爱我了？

有时，我们会发现儿子的情绪上来了，显得特别烦躁，或是因为看到二宝占据了他原有的领地，或是因为他累了……这些都使他产生负面情绪，这个时候我们就应先去满足大宝的需求。

为了表现出妈妈时刻都在关注大宝的需求，将他的物品——绘本、零食、图卡、拼图等，与二宝常用的奶瓶、尿不湿、摇铃等，放在一起，即使妈妈在给二宝喂奶或哄睡时，只要大宝提出要陪伴的需求，妈妈（特别是爸爸不在家时）能够快速地反应，并随手拿起物品满足大宝的需求。

特别要注意的是，我们要主动去做这些，而不是当大宝在发泄情绪之后才去做，因为事后才做的话会给孩子错误的对应——只要做父母不喜欢的行为，就能得到或者是抢到父母的关爱。

如果，孩子正在发脾气，或者已经发泄完了，怎么办呢？

最好是等孩子平静后，温柔而坚定地告诉他，妈妈、爸爸理解他的委屈，但乱发脾气的行为是不对的，之后再去弥补刚才忽略的、大宝要求的事。

另外在满足二宝的需求时，兼顾大宝的心情，做到一举两得。例如大宝吃饭的时候，也最好给二宝喂食，不管是母乳，还是辅食。这样在训练二宝的进食习惯的同时，也让大宝感到一家人在一起吃饭的温馨。

与大宝独处

这是我喜欢和擅长的事。

我会拉着儿子单独去做一些"男人做的事",比如探险。

其实这个探险也就是冠以探险之名的到处溜达。有些探险活动还可以让孩子变得勇敢与坚强。而这种品质,不仅是当今日趋激烈的社会竞争所必备的,也是他和二宝相处时所必备的。孩子心目中的"险"无外乎是他们这个年龄遇到的挫折和困难,而这些需要孩子勇敢地面对。

举个例子,我们住的楼地下二层一直没有用,很多大孩子会下去玩儿。儿子也一直要求去探险,我陪他一起下去过。下面空旷的场地和幽暗的灯光,让他很紧张。我们去过两次后,儿子已经可以自己下去转转了,他还拉着别的因害怕而不愿意下去的小朋友一起下去呢。探险是孩子的意志力得到锻炼的好机会,会让孩子们变得勇敢起来。

还有儿子在3-5岁的时候特别喜欢乘坐公交车,于是我或者外婆带着他经常坐公交车。那个时候儿子偏爱运通104的线路,我常常会和他从头坐到尾。一旦线路有了变化,比如终点站发生了改变,我们还要去探查一番。

或者我承担下照顾妹妹的任务,让妈妈单独带儿子去看个儿童剧,在外面吃顿饭,聊聊天。

"亲子共读"是我们家的一项特色育儿活动,我们会有很多特地为儿子购买的绘本，专门读给他听。

或者啥都不做，就是和他玩藏猫猫，做个小拼图，搭积木……

这样做可以大大减轻大宝因为二宝到来的低落情绪，维持父母与大宝的情感交流，合理分配父母的注意力。

二宝的成长点滴，正好可以用来让大宝温习自己的"小时候"。满月宴、百日宴、到同样的地方玩耍……我们都可以通过现场和视频、照片的对照，跟大宝一起回忆他当时的美好情景。让他觉得，二宝的好日子，他从未缺席，而且，二宝是跟着自己的脚印在走。

也感谢亲戚朋友对大宝情绪的理解和照顾，比如，小姨、干爹干妈等来看望新出生的二宝时，都想着给大宝带礼物，并一直都坚持着，即使是二宝的生日，大宝也能获得各种礼物。所以，他俩过完自己的生日都盼着对方的生日早点到来，因为过生日是他们共同的节日：有礼物、有好吃的妈妈手工做的蛋糕。所以在这里提醒一下，如果要去看望有二宝诞生的家庭，一定要为两个孩子都准备礼物哦。

而有些孩子在弟弟妹妹出生后，变得安静、内向了。这其实还不如前面那种明显显示出"考验行为"的状况，内心积郁对幼小的孩子非常不利，而且容易被忽视，甚至被认为当了哥哥或姐姐"变乖了"、"懂事了"。其实，他们内心可能正在积攒对弟弟妹妹的敌意呢。

可见，父母和祖父母（或者其他亲密的代养者），在大宝适应二宝内心的感受上,发挥着重大的作用。尤其是爸爸,我算是一个"特别"的爸爸,自觉自愿地参与到育儿中来,并且自认为做得还不错。事业心和养家的责任感,让大部分的父亲过少地参与育儿和子女教育。但随着二宝的出生,爸爸们需要更多地参与到育儿中来,一方面确实是妈妈的精力被消耗到极点,另一方面,相对理性的爸爸,会给予大宝更多的关注,以取得平衡。如果爸爸的参与越来越多,大宝就会觉得得到了额外的奖赏,从而会减少对于妈妈的抢夺。不过,要是老大还是在2岁左右,这时孩子还是母子一体化,效果会弱一些。3岁以上,孩子的社会性增强,兴趣面也广泛许多,爸爸的及时介入,绝对会有如春风化雨一般的作用。

这种爸爸参与育儿的行为特别值得提倡,跟任何一个新生儿一样,二宝的前两年,基本上爸爸不参与也不会对小宝宝有过多正面或负面影响,而老大正好需要父亲的榜样示范。爸爸是勇气和权威的象征,是初接触社会所需要的坚定的安全后盾。

当然,从爸爸参与育儿的角度,以及从孩子整体成长的角度来看,这值得鼓励和提倡,但是,更为重要的还是母爱——这才是最重要的安全感的源头。

既然说到了爸爸,干脆多唠叨几句:

爸爸,你做好准备了吗?

第六章 爸爸如何参与育儿

二宝的出生，会增加家庭经济压力，会分走大宝的爱，从而导致育儿矛盾增多……其实，当你只是想要二宝时，你会发现要准备的实在太多，甚至感到有些困难是难以克服的。但当你真正决定要二宝时，你会惊讶地发现原来你要做的准备不过就是接纳现状，以及随时做出调整的态度。

以下文字根据我接受《妈咪爱》记者贾丽的访谈改编而成，其他父亲的访谈由贾丽完成。在此致以诚挚的谢意！

爸爸们的困惑

观点一：我们不想要二宝

flora：我感觉养一个小孩已经很费钱了，再要一个，需要多花很多钱，我不想因为多要一个孩子，降低现在家人的生活质量，也不想因为这个让自己太有压力。

点点爸：大宝是外婆帮忙照看的，但外婆打算帮我们照顾到孩子上幼儿园就不管了，老人想过自己的晚年生活。找保姆，我们不放心。所以，在没有解决这个问题前，不能轻易要二宝。

乐乐爸：人家都说女儿是爸爸上辈子的情人，不管是不是吧，我真的非常爱乐乐，我害怕有二宝后，会分走我对乐乐的爱，乐乐会感觉受伤。

观点二：我们就想要二宝

朵儿爸：大宝还是二宝，和经济压力没有关系。我们和下一代生活质量的高低，重点不取决于经济基础的好坏，许多富二代有钱，但精神是空虚的，发生的不少"坑爹"事件，已经说明了问题的根本。所以，我选择要二宝，主要是考虑下一代在亲情关系上的完善。

田田爸：爸爸主要是要做好有了二宝后的物质准备，关注早期大宝的心理变化，积极调整添加一个宝宝后的教育方式。

小 su：作为两个孩子的爸爸，既要照顾好宝宝，也要对待好妻子，这是我自身需要克服和转变的一个过程，而不是因此去抱怨二人世界的时间减少。我相信男人在不同的阶段，需要的是不同的情感架构，有了两个宝宝之后，我的情感只会因此更为丰富和充实，我和妻子之间的关系因为两个宝宝而更加密不可分，我会更加满足。

"1+1 < 2"

很多人认为，养育两个孩子的费用是养育一个孩子费用的双份，其实真不是。如果说养育大宝的费用是 1 的话，养育两个孩子可能就是 1.3 或 1.4。在养大宝的时候，很多东西是被浪费掉的。养两个孩子会更倾向于选择实用的、能满足孩子基本需求的东西，而且有些东西可以重复利用。

二宝出生的时候，是我们小家最困难的时候。那时正是我事业转型期，老爷子生病到病逝，我有 8 个月的时间辞职在家陪他，而且我太太一直全职，还有房贷，二宝还是黑户。但是我认为有两个孩子，家庭会更完整。所以，我们减少不必要的开支，将生活的要求降低，反倒觉得生活很简单、很快乐。在我看来，所谓的生活质量更多是精神上的，没有必要用一个限定的生活品质标准来看待这个问题。

重新看待夫妻关系

我们坚持自己育儿，所以二人世界肯定会减少。我们所有的事情都是有孩子参与的，这不是很美好的事情吗？所以不能简单说有了两个孩子之后，夫妻共同时间减少了。以前是夫妻两个人，但是有了孩子之后，就一定要把亲子关系加进去。如果爸爸参与育儿的时间比较多，反过来也能促进夫妻关系。再者，夫妻关系的好坏有标准吗？没有。以前两个人一起看电影，现在换一换，带着孩子一起去公园，或者到游乐场，生活方式或许比以前还更健康呢。

有人认为有了二宝之后，矛盾成倍出现，会影响到夫妻关系，这绝对是错误的观点。和经济压力是一样的，育儿矛盾也不过是一个孩子的1.5倍。有的爸爸从一个孩子的家庭中没有学到如何照顾他人，育儿中角色转变很慢，或者几乎没有转变。碰到这种丈夫，妈妈要拿出当年选择他的眼光，去重新发现他身上的闪光点，传递给一家人，传递给孩子。比如，老公喜欢玩游戏，有了孩子之后，全家一起玩，才能在玩的过程中，制定出正向的规则。可以限定时间，互相监督，还可以比赛等。妈妈们要做的就是重新打开你的心，重新看待问题。与其担心、焦虑和老公对立起来，不如敞开心扉去容纳他。

妈妈的忧郁靠爸爸来舒缓

爸爸应该多关注妈妈。生养二宝时，所有人都不像生大宝时那样紧张，觉得有了经验，第二回轻松至极，男人天生的大大咧咧也会在这里表现出来，对妻子的照顾，特别是心理照顾可能不像第一次那么上心："呦呵，这都是第二回啦，能有多复杂啊……"之类的随便说说，不经意间便能冒出来。其实对于妈妈而言，生育二宝会更"痛苦"一些。特别我家大宝就是剖宫产，这意味着二宝也只能剖宫产。产后，家人不但要照顾新生儿，还要照看大宝，很自然的，妻子的待遇可能会比第一次生产降低很多：鲜花少了吧？慰问少了吧？贴心的话少了吧？搭手少了吧？

同时，"大宝照书养，二宝照猪养"。亲人们也会觉得你们带二宝有经验了，支援行动也就比之前减少很多。

按妻子的总结，生二宝以后更容易患上产后抑郁。这话，显然带有批评我的意思。还真是有一些"罪恶"的行为，比如，我会和外婆联手，对妻子的一些言行进行"批判"，而不是理解她、顺应她、支持她，对她的一些育儿做法会觉得小题大做，对于她的一些情绪变化，确实没有生大宝时那么尽心包容。

爸爸们要支持妈妈在养育两个孩子的同时，有自己的小爱好。我妻子有个"抗压"的精神产品，能让自己放松下来，那就是看剧。一开始看了一些韩剧，后来觉得没多大意思，开始追英剧和美剧。在疲惫的时候什么也不想、不做，看上一集，能心情大好，斗志昂扬地投入到育儿的战场。当然我也陪着看了不少。记得还特意重温了一部家庭剧《成长的烦恼》，对我也挺有启发的。

事实上，妈妈的心情愉悦与否对整个家庭意义重大。育儿像是漂浮在水流上的船，水的方向才能够引领孩子成长，而妈妈的心就是水，心理健康才是拥有正确方向的基础。

在婴儿期，妈妈负责孩子的养育，爸爸负责妈妈的情绪，所以爸爸的精神支持会帮助到两个孩子的母亲。当妈的从十月怀胎到出生后的哺乳期完毕，要长时间远离复杂而热闹的社会丛林。每天接触的除了奶粉就是尿布，连睡觉的时间都没有，更不要说打扮自己了，怎么能不抑郁。我妻子认为，微博、微信可以减轻15%的产后抑郁，可以无界限沟通，要是再有几个诸如同学群、产妇群、地域群、八卦群、海淘群、团购群、育儿群什么的，不仅不抑郁，而且还能交流经验，提高带孩子的积极性。

爸爸的参与需要妈妈的支持

我一直有个观点，妈妈们要为爸爸参与育儿让些空间，生二宝正是个好机会，可以利用这个机会巧妙地将爸爸拉入育儿中来。在拉爸爸进入的时候，妈妈要有抓大放小的框架性策略。具体来说，就是从一个最小的、最容易成功的方面让爸爸参与进来，抱着"只要你参与，肯帮我忙就不错了，做得好不好我都接受"的心态就好了。少批评，多鼓励。这样，他会觉得很愉快，会感觉"我太太很需要我，我的孩子很需要我"，参与积极性也会很高。然后交给他更具体的事情，比如请爸爸给孩子读书，每天一刻钟。妈妈则在"读书一刻钟"前做一些例如整理房间之类的准备工作，通过营造温馨的氛围来衬托出爸爸的一刻钟，让爸爸感觉这一刻钟很享受，直至养成固定的家庭习惯。

而爸爸要趁机积极参与到引领大宝成长的家庭教育中。这不仅解决了家庭的实际困难，分担了妻子的任务，还帮助妈妈们缓解焦虑的心情和各种负面的情绪，争取拥有更多的私人时间，做一些自己喜欢的事情。

我在2013年初倡导"育爸年"，趁着各种亲子节目的火爆，把更多的爸爸参与育儿的作用和意义推向社会。但是历经千年的男主外女主内的观念，并不能快速推进爸爸妈妈共同参与育儿、合理分工的实现。妈妈们依旧是照顾孩子的主力军，也是承担最多重担的人，这样的社会环境、家庭分工和教育意识下，妈妈们会把照顾爸爸放在最后一位。男人们也唧唧歪歪地冒酸水："自从有了娃，我的地位一落千丈。"

每个爸爸妈妈都不一样，才会有各个家庭的丰富多彩。兴趣相当、情趣相投在恋爱期间当然会促进爱意、促成婚姻，到了养育子女阶段，还是互补好啊，毕竟人的精力有限，若是夫妻双方各具特色、各有所长，孩子们能受到更多的熏陶。

我的儿女都爱看书，这个和我们夫妻俩爱看书有关。都爱旅游，看电影。我妻子是理科生，本以为我俩是文理结合，能对孩子的文理综合打基础，实际上看来，我妻子也是个文青。在养育二宝期间，她不仅看更文艺范的英剧，也看更人文的书籍，比如《100人的十年》《水流云在》《孤独六讲》等，那我也跟着一起看，我俩就能有更多的共同精神密码。

第二篇

和平时代

　　家有俩宝，维护家庭和平是每个成员的重大责任。当然，爸爸妈妈应该成为和平的主导者。要练习和掌握一些有效果的"技术活"。传统观念中的"长幼有序"、"兄友弟恭"放在当下的家庭教育环境中也是行之有效的科学方法。

第一章 长幼有序：俩宝家庭和平基石

童年虽然有一定之规，但绝不是我们熟知的123步走，或者是流水线上的产品。不是我们可以预期、可以把握的一种经验，而是各种因素与环境造成的复杂机制之间相互作用的结果。大宝二宝顺序，兄弟、兄妹、姐弟、姐妹的组合，确实对孩子的心理与人际关系发展有些作用，但发挥关键外部力量的还是家人间的亲密关系。

亲子关系亲密与否，有个超级简单的衡量物——时间。陪伴的多寡意味着亲密关系的程度，也意味着孩子们被关注、被重视、被爱的程度。要家庭关系密切，显然父母与子女们要常在一起，并不只是全家人，也包括父母跟其中的任一个。

有了亲密关系，就给多子女家庭奠定了和谐基础。再学会以下几个方法，和平之声便成为家庭主旋律。

和平大法

【讲次序】

"长幼有序"具体来说，就是要依照子女的自然次序施行教育,"谁主张谁优先,同参与共受益"。哥哥爱读书,妹妹能闲得住?经常是一个开读,另一个就会挤过来一起读。但两个人一起读就会有分歧,这时我们会"压制"二宝,告诉她:"这是哥哥喜欢的书,是哥哥的读书时间,妹妹要听呢,就按哥哥的速度来,不听呢,就去玩别的东西,或者自己看书。"妹妹总是舍不得凑热闹的机会,就会变乖一些,这样一来哥哥心里就会舒坦不少。反过来也一样。这样的结果是俩宝会对一些好童书同样感兴趣,增加了他们的共同点。看幼儿节目时也会出现这样的问题,有时候我们就会指点一下,谁提出要求就自己拿着碟片找对方商量去,也就从小让他们锻炼了遇到事情与人沟通的能力。

【拼体力】

亲子游戏最开心。我和孩子一起玩最拿手的就是"举高高"。要玩这个游戏一定要练好臂力,他们会轮流扑上来,要你举,高度还要一致。我也经常会把儿子或女儿抱过来挂到脖子上,请他们"坐双层巴士"。那么,另一位无论在干什么都会奋力抱你的大腿做袋熊状,你不能不让TA也"刷卡"上去。如果哪天某位小人要骑马,那我就得至少两次"俯首甘为孺子牛"。总之,只要是一对一的任何"工作",游戏、出去玩,都要照顾到两个宝宝,不要认为其中一个不适合就不去做。

【练定力】

不以哥哥喜，不以妹妹悲。哥哥和妹妹经常动手，妹妹的各种动手动脚动口的"越轨"行为，经常惹得哥哥奋起反击，这时最好不要加以干涉。有时看到俩人噼里啪啦打得挺欢，甚至有一次抓破了皮，心里急得不行了，也只能先行忍住，让他们自己解决。当然也有忍无可忍的时候，就去劝说哥哥，要求哥哥不要打妹妹的脑袋，结果适得其反，妹妹的小小脑壳被敲打的几率更高。只好暂时不管了，让兄妹俩自己解决。

睡觉也要拼定力的。我们没有刻意安排儿子女儿分床分房睡，常常是大家在一起睡。哥哥和妹妹会相继使用他们不同的方法拖延着不肯睡觉，这时我们也得忍住，无论他们怎样忽悠，一概不回应，特别是不能因为妹妹小就对她的无理要求让步。经过很长时间的"斗争"，规矩就会形成，基本上只要哥哥先睡去，妹妹自己哼哼唧唧一会儿，也就差不多了。如果我们给他们回应，一切又得从头来过。

对大宝期望高

受到传统文化的影响，多子女家庭一般对大宝报以高期望。要是大宝是儿子，父母也会有对男孩传统的"后继有人"和"光宗耀祖"的期望。

家人对大宝和二宝的重视也会受到一些特定因素的影响。这种重视也会对孩子的发展有些影响。出生次序不会决定子女将来发展的模式，但一些细节方面还是有着明显的区别。

生大宝的时候，我们夫妻一致决定健康、安全地把老大培养成他自己能成为的那个独立的人，不用去跟"别人家的孩子"比较——截止到目前，我们觉得自己做得还是不错，基本上顺着儿子的天性；当开始孕育二宝的时候，我们好像没有特意去想应该给TA怎样的成长环境，我们知道的天性，同样想着不用去跟"别人家的孩子"比较，问题是，"别人家的孩子"更多是在谈论中，堵住耳朵、闭上嘴巴就不存在了，可大宝和二宝却总在对方的面前晃荡啊。

好在俩宝共存以来，他们感觉似乎没有爱的缺少，从没有一次提到、抱怨父母对他们的爱有偏差。兄妹俩的成长状态，让我们相信他俩都感觉到了父母满满的，而不是各一半的爱。特别是儿子从未表现出妒忌和失落，反而非常乐于照顾和保护妹妹。

于我而言，我对儿女可以做到"因材施教"，各有各的"一碗水"，但在一些具体的育儿行为上，似乎对儿子的要求严于女儿，当然也有更复杂的因素：比如养育大宝的一些经验教训可以用在二宝身上；比如传统的区域文化（山东人）对大宝的自然期望；比如国外的"更多的爸爸妈妈偏心老大"的科学研究结论。

前两个因素是中国人的"模糊"说法，而后者是有着数据研究支撑的"科学结论"。加州大学戴维斯分校人类和社会发展学教授凯瑟琳·孔戈尔曾对384对兄弟姐妹及其父母进行了研究，发现65%的母亲和70%的父亲表示自己偏爱某一个孩子，这个孩子通常是大宝。研究人员认为这个调查出来的比率比实际偏低，因为在研究过程中，父母们总是尽量掩饰自己的偏心。

把这些说法结合起来，我会觉得：对大宝的严是不是也是一种"偏心"的表现呢？

要是换个不至于影响平衡的说法：我们对二宝的期望可以与大宝不一样，但绝不能到放任宠溺那样，而是适应孩子的自我发展规律。

就拿我女儿来说吧，尽管我们尽量顺其自然，但她上了学后，学习动力十足，这个也学那个也学，各方面还都能均衡发展。等到了三年级，哥哥上了还不错的中学也做了好榜样，妹妹又"自我加压"对自己有了更多的要求。我们一方面设法减压，一方面更要适应她的这种状态，为她创造条件，帮助她的自我发展。

于是，他们各自发展出不同的特点。比如，大宝随和，二宝随性；大宝厚道，二宝竞争意识强，大宝包容性强，二宝有自己主意……各有各的精彩。

前文谈过，像我们儿女这样的兄妹组合，相差不到3岁，哥哥会被妹妹往下拉，比同龄的独生子会更幼稚，妹妹会被哥哥往上拉，比同龄的独生女更成熟。

好在是兄妹组合，我们家基本上能保证较长一段时间内，妹妹对哥哥的崇拜。但二宝作为女孩具备心理早发育的特点，她经常要跟大宝比一比。比如，哥哥刚上小学的时候，妹妹才幼儿园中班，我们跟哥哥做的一些对付学业的游戏，比如，"汉字听写大会"、每周一诗，等等，妹妹都要求踊跃参加，但是总是哥哥跑在前面，妹妹虽然会哭鼻子，不服气，但是我们总是说，"你还是个小文盲，小小孩，而哥哥是小学生，你能敢于参与比赛就很厉害了。"

大宝的出生才使得我们成为了爸爸妈妈，在还没有计划生二宝的时候，大宝完全是当做独生子来承受我们对他的爱和期望的。当然，也不知道那时在大宝教育上犯的错能成为二宝的福音，比如，有研究表明，孩子啼哭时间长点没关系，我们可以延迟满足，于是我就放任儿子哭上半小时；比如，在杭州，我对儿子乱拿餐桌上别人的饮料并喝光大为恼火，完全忘了他才2岁出头，跟他讲了半天道理，甚至打了他的小手心……

二宝的出生，又是女儿，一下子软化了我的育儿心态，也直接影响了大宝的人生。二宝的出生也让我和大宝更加亲密起来。不是弥补，而是自然而然的变化————或许这也是二宝来帮助大宝的另外一个方式。

俩宝互相影响

在哥哥幼儿园大班时期，妹妹也上了同一个幼儿园小班，兄妹关系上哥哥一直处于精神上的支配地位,妹妹因为有哥哥的陪伴,所以虽然不情愿去幼儿园,但还是坚持去了,有时甚至要求去哥哥他们班里,幼儿园老师出于理解,就同意了。哥哥做的事情,有时也对妹妹产生巨大的影响。加上我们采取的"满足大宝需求为主"的一些具体措施,比如,妹妹1岁多可以和我们共读绘本的时候,选适合哥哥的书,妹妹在旁边"蹭听";哥哥4岁多开始看动画片(英文为主)的时候,刚满2岁的妹妹也"被迫"跟着看,以至于妹妹的理解力和英语听力在不知不觉中提高了很多。

二宝紧跟大宝的成长,喜欢模仿大宝,做一个快乐的"跟屁虫"。这一点在我家还有另外一个有趣的表达:"我要跟哥哥结婚,天天在一起。"估计很多兄妹组合的俩宝家庭都会有这样的情况,反映了妹妹对哥哥的崇拜和喜爱。而早期,这个"荣誉"是属于爸爸们的。

我家女儿在3岁的时候,就不再跟妈妈"抢"爸爸了,再也不愿意嫁给爸爸了,而是一定要跟哥哥结婚。这一点,哥哥是到了大班的时候,毅然决定不再和妈妈结婚了,到了一年级已经很清楚地知道"直系亲属不能结婚"的社会伦理了,于是每次妹妹提出来,他总是语重心长地指出来,"我不能跟你结婚,你可以和贝贝结婚,要是不喜欢他,还可以找毛毛豆豆啊。"妹妹总是哭喊着说:"我就是要和哥哥结婚,我就是要和哥哥结婚。不结都不行。"

到了妹妹上大班的时候,她算是接受了兄妹不能结婚的硬道理,开始不停地更换结婚对象。弄得我要逐一对照那些陌生的名字。有一次,妹妹特认真地告诉我,我还是要找一个像哥哥那样的男朋友,长得又帅,学习好,还总让着我。

妹妹学会写字了,有一天在门后面写上:哥哥,我爱你。我们夫妻俩看了后,唏嘘了半天。过了几天,妹妹又加了几行:我爱妈妈,我爱爸爸。

反过来,二宝对大宝的影响在哪里呢?

二宝会"拖住"大宝成长的后腿。大宝会显得比同龄孩子多一点点童心,这也帮助父母做出很大的调整:因为对大宝期望的不同,顺便也调整了对大宝的期望。

前文说到,二宝特别愿意去跟大宝比一比,进而发展出乐于也善于跟他人竞争的性格。因为竞争的数量多,锻炼多,所以二宝比较精明能干。而大宝因为有着天生的要去照顾弱小的心理,会产生"不去跟你比"的情形。我想,很多大宝的"温良恭俭让"的品质就是这么锻造出来的吧!

因为有了两个孩子,所以我们知道有些事情是孩子的天性使然,不是外力可改变的,所以会更加尊重孩子的天性。

第二章　兄友弟恭：善用游戏建立亲密关系

最近重新读《孟子》，所感所想更进一步。比如，"君子之于物也，爱之而弗仁；于民也，仁之而弗亲。亲亲而仁民，仁民而爱物。"就我的理解而言，特别希望我的儿女能够建立起亲密的关系，才能对他人、对他物有所关爱。

大宝和二宝是一根藤上的两个瓜，别别扭扭都是应有之义。我们可以使之各居其所，既能紧密纠缠，又可独立进退。

大宝和二宝习惯于一会儿甜蜜分享，一会儿又打在一起，这才是彼此感情深厚的基础。

游戏可以激发孩童的天性，可以培养俩宝之间合作的态度、轮流的秩序，甚至是民主的意识。

而爸爸妈妈在一旁，看着子女笑、闹，正是我们的人生乐趣之一。

建立亲密的手足关系

在四口之家的四边关系中，大宝和二宝之间有着怎样的关系，又有着怎样的感受呢？

相爱是相互的、必需的。崇拜好像是单向的，是二宝对大宝的阶段性产物。恨、羡慕、嫉妒、害怕、高兴、骄傲、幸运、保护对方、惹怒、快乐……俩宝的互动丰富多彩，复杂多变；单向的少，相互的多；正面的多，负面的少。看来，放大正面关系是我们最主要的任务，至于负面的关系是否需要参与调和，则要看具体情况。

所以，让俩宝有更多的时间相处，一起快乐地玩耍，痛快地打闹，都能够帮助他们建立亲密的手足关系。

即使是偶发的彼此对抗、讽刺打击、敌意冷淡，那也只是快乐成长之路的调剂，相互扶持才是最终的主旋律。

在鼓励大宝帮助父母做一些力所能及的照顾二宝生活的事情的基础上（我们家能找到哥哥给妹妹喂奶、喂饭等的照片），再接再厉请大宝接纳二宝一起玩。两个孩子有两个孩子的玩法，父母最好引导孩子自己制定好最低——公平，和最高——分享的标准。

当然不会一开始就这么高大上，最早的规则制定是从爸爸的轮流"举高高"开始的。1岁的妹妹很喜欢被爸爸举起来，而哥哥当然也想重温这种失重游戏的快乐，于是游戏规则就先针对哥哥建立起来了——轮流玩。哥哥很快接受了，并乐于等待我举完妹妹再举他。妹妹的争抢意识显然强一些，同样的游戏，当女儿2岁多时，我们在玩的时候，她会耍赖，争取自己连续玩的机会，我当然不会让她总是得逞，只是偶尔针对她的请求做些让步。

反过来，当天平稍微偏向哥哥，妹妹会主张公平问题，全然忘了自己正是不公平的开先河者。有时候，刚满2岁、正处于自我膨胀期的妹妹会因为小事不愿参与哥哥发起的游戏，我就和哥哥两个人玩。她看我们玩得很高兴，立马就会转变态度，要求也加入进来，之前的小脾气也随即烟消云散。

游戏的乐趣，会让孩子更加喜欢分享。

这比我们提出要求，"你们是兄妹，一定要分享"要有效得多。不过，从人性上说，分享是违背孩子天性的，他们一定要在满足了自己的需求后，才能明白分享的妙处。如果孩子自己的愉悦感没有在共同游戏中提炼出来，我们只是强调要分享，他们说不定会拒绝分享，最后只能各人闷头玩自己的。

不过，随着二宝的逐渐长大，她的动手能力是先于社交能力和情商发展的，对所有东西都好奇，并且是个行动主义者，首先会去破坏看看，破坏后又没有能力给她做的"坏事"善后。那个时候妹妹经常会把哥哥辛苦搭好的积木推倒，把小baby单纯的快乐建立在哥哥的痛苦之上。对此，哥哥非常不满，还为此爆发过"兄妹战争"。这时需要给大宝做些疏导。比较好的是告诉他："小宝宝就是有这样的破坏力，连我们都觉得不高兴，而你的积木大楼被她给弄坏了，你肯定更不高兴。"先是接纳，允许他生气，然后提供帮助："看看我们能修好吗？"

等哥哥冷静下来后，还可以多做一点解释："妹妹一开始只在妈妈的怀里抱着，手脚不能灵活地动弹，现在她来捣乱了，也就是她长大了，想跟哥哥一起玩，只不过她的手脚还控制不好。"等等。这个时候，我们经常用的方法就是播放儿子小时候的视频，或者翻看照片，儿子看到自己小时候，就会明白，"哦，我也干过类似的事情"。

儿子 4 岁多开始玩小块乐高，女儿也要玩，于是我们在征得哥哥的允许后把以前哥哥玩的大块乐高拿给妹妹玩。然后请哥哥教妹妹，而且允许妹妹参与"捣乱"——这对哥哥来说，需要一个过程来接受，因为哥哥很看重自己的劳动成果，一开始是完全拒绝妹妹参与的。但因为大块玩具的拼插对哥哥来说是小菜一碟，就算有了妹妹的"捣乱"，也很快就能再搭好，于是这俩人就一个搭、一个拆地玩起来了。

孩子需要在一起玩，这是天性，有了二宝，大宝就有了一个最靠谱、全天候的玩伴的可能。虽然，这个可能到实现需要一年半左右的等待——得等二宝有了玩的能力，还要经过内心斗争，毕竟小 baby 一开始不能真正和哥哥玩到一起，可能会添乱。

但是，天性面前，接纳仍然占了上风。

游戏的乐趣，会让孩子退一步，提高接纳和互让的包容性。

要注意的是，我们曾经犯过的错误——拘泥于游戏的规则，对于两个大小不一的娃娃，规则越简单越好。游戏中的乐趣，会抵消学习规则的天生惰性。

在游戏中，如果大宝有排斥心理，二宝也懵懵懂懂不想玩，爸爸妈妈要参与进来，作为孩子之间的调合剂。

前文提到大宝会变幼稚，也和经常要跟二宝玩有关系。一来要抢回原本只属于自己的玩具，二来要显示自己强于二宝的能力。而二宝因为经常跟大宝一起玩，模仿能力、学习能力也得到提升。

儿子还有一个能力——躲起来的能力。我们家里，在婴儿床和墙壁之间有个间隙，仅能容身一个娃儿的大小。在藏猫猫的过程中被哥哥发现后，他就会在游戏之余常常躲在那儿。一开始我还去逗他，后来发现他是在那里"运气疗伤"呢。后来，这个秘密也被妹妹发现了，这便成了他俩玩"挤在一起"游戏的最佳场所。

他俩喜欢玩"挤在一起"游戏的时候，大约是从妹妹不到1岁时候开始的，一直延续到现在，他们和妈妈还在玩"挤在一起"，挤到一个床上睡觉呢。

这样的游戏感觉就是为紧密手足关系特别发明的。游戏的乐趣，会让孩子觉得亲情的温暖和可贵。类似的玩法我们家还有不少。

既然是游戏，而且是幼儿的游戏，难免就会磕磕碰碰，最后动口又动手。哥哥曾经用过"凶狠"的方式来制止妹妹，这种"凶狠"的方式是打妹妹的屁股，反正妹妹当时屁股圆滚滚的，几乎不会体会到"伤害"的滋味，但是那个气势能把妹妹唬住。打屁股是我们建议的，我们允许哥哥发脾气，实在忍不住了，可以打妹妹的屁股。中班小朋友正是肢体表达和语言表达相辅相成的时候，我们给儿子这样一个"通行证"，反倒是"训练"了儿子先忍一忍的功力，因而他不会轻易动手。而妹妹也知道自己过分了，惹怒了哥哥，哭闹一会儿后，反过来会回头哄哥哥，两人一会儿又相亲相爱地一块儿玩起来了。

《跟屁虫》是一本以孩子为主角的绘本，以第一人称描绘了哥哥做什么妹妹也都跟着做什么的小跟屁虫趣事。

我家葫芦哥哥和妹妹相差不到3岁，很多情况跟书里说的一样。最逗的是，就跟书上"尿尿"那章一样，几乎每天他们已经在卧室睡觉了，我在客厅，总是看到哥哥先出来，妹妹接着出来，"Hi，尿花花"。即使妹妹都已经裹上了尿不湿，她也要给解开，爬上马桶方便方便。

在饮食上妹妹特别喜欢跟哥哥一样，在看书上还好，因为他们都有自己的"势力范围"了，每次都各自拿书要妈妈爸爸读；游戏更是，哥哥想做什么，总有妹妹跟上来。

有时候不光是做事上的"跟屁虫"，经常有情绪上的"跟屁虫"现象，更加让人头疼。可能最近我表现得不好，已经被妹妹"打入冷宫"了，不仅仅是不能上她和妈妈的床，早上睡眼朦胧的时候不见我，甚至御用搬运工（每天负责抱她上下餐椅）的职责都给冷落了。估计，一来与我对哥哥的关注多有关系，二来和妹妹的"2岁小逆反"时我好几次"凶"她有关。

反正，很明显，她就"跟"上哥哥了，我们跟哥哥怎样，她也要怎样。

别把"手足"分开

不到万不得已，不要将孩子分开，无论相差几岁。可是，很多人会说，我真是没有办法啊！是真的吗？

有些年轻的父母，仅仅出于减轻负担——精力、事业，甚至是为了经济考虑（我熟悉的人就有仅仅是为了省钱），而让孩子到祖父母家代养。将大宝或二宝送出自家的怀抱，等到了某一个节点，上幼儿园、上学，再回到自己家，那时对于亲情的陌生、环境的陌生，对大人和孩子都是一种煎熬，有些甚至会埋下阴影——当初为什么要把我送走，把弟弟（或哥哥或姐姐或妹妹）留在身边？

重逢后，父母出于"弥补"心理，对曾经送出的那位格外关照，这又会导致新的问题。留在身边的孩子，在很长的时间里，只是在概念上有这个"手足"的存在，而生活中从来没有多少存在感，现在要忍受爸爸妈妈的"补偿性偏心"，嫉妒、怨恨等负面情绪更容易冒出来。

如果真是被迫分开的两个孩子，再聚时就要多创造机会让两个孩子尽快地亲近起来。游戏就是一个很好的填充剂，用欢乐填充分离的空白。一家人在一起玩一些本身就可以轮流玩的游戏，不用人为地设定规则，这样避免留下"把柄"，通过游戏来熟悉彼此，同时构建融入俩宝后的家庭规则。

在此基础上，可以尝试着共玩一些教导彼此妥协的活动。可以帮助疏远的手足逐步恢复亲密关系。

妹妹总是喜欢"率先"得到或开始一项新的事情。比如，先吃饭，先拿到汽车钥匙去开车门，先打开家门……而一般在这个时候我会提出建议，让他们自己协商。印象深刻的是，哥哥最开始的协商几乎都是以自己的意志为主："这次我先，下次你来。"而偏偏妹妹就是喜欢"先"。后来，哥哥发现了退让的好处，"这次你先吧，下次听我的。"再往后，哥哥渐渐大了，有些问题成了不愿意去争的小儿科的事儿了，而妹妹上了小学后还是比较喜欢去争一个"先"。

退让同样可以满足自己的需求，还能让彼此感到"优先"，让手足关系由密变得更蜜，这是儿童天真的智慧。

第三章 什么样的游戏适合俩宝共玩

放手让孩子自己玩

我们千万不要过度干涉孩子们的游戏。即使要干涉，最好是以帮助孩子开拓新的功能性游戏为目的的干涉，像是数学学习游戏、古诗背诵游戏，我们会自己先开始玩，引起他们的注意，引导他们参与。一旦他们接受，并当成是自己愿意主动玩的游戏后，我们尽量少参与。当然，还有一些孩子们完全自己玩、不愿意被我们打扰的游戏，比如，曾经的电子拼图算一个，而乐高则是完全属于他俩的世界，不愿让我们插手，以至于妈妈专门买了几款自己来玩。

不过度干涉是不想让他们觉得有不自然、不平等的感觉，而且有些游戏确实太小儿科了，我们去参与的话，一来双方都觉无趣，二来要我装笨，也会显得很假。最关键的原因，就是大人们太像导师了，总是忍不住要指手画脚，教他们这样玩那样玩，这个方法好那个方法不行。

父母最难做到的，就是什么都不做！

如何让孩子的游戏发挥更大作用，无论是傻乐，还是游戏中蕴含的智力开发，甚至是知识吸收，都需要让他们无拘无束地玩，只有完全放松的状态下，想象力和表达力才能无穷无尽地呈现。我们可以做一些创作的示范，比如，公园门口的前进游戏，比如，几个孩子登山的口令游戏和传声筒游戏，更多的是让孩子学习如何在一起玩。

调整目标吧，做一个观察者。保持距离地观察，更好地发现孩子的需求。

适合俩宝的游戏

【角色扮演游戏】

角色扮演让孩子们在虚拟的世界中，体验各种角色、规则、环境、情绪。这正是他俩特别喜欢的玩法，从过家家开始，一直到各自手持"武器"（玩偶）厮杀，所以，它也是我喜欢保留玩偶的原因之一——玩偶是孩子的另一个自我，谁知道哪一个在他们的生命中扮演过怎样重要的角色呢。

经常玩扮演游戏，容易了解他人的情绪和心意。因为游戏中首先是角色分配，其次就是按角色和故事情节，去揣摩和模仿角色的情绪，并表达出来。我家大宝在了解他人的内在心态的发展上好像比较强，这不能简单地说孩子个性敏感，而是一种能力发展的产物。具备这种能力的孩子，容易了解别人的感受，他们会知道自己的言行可能会给别人带来的后果，有点儿像"己所不欲，勿施于人"的道理。这已经是很高层次的社交能力发展了，这种能力的获得不仅为个性发展打下基础，也有眼前的现实意义——进入幼儿园和小学，能够较快地被集体接纳。

大宝的另一个显著特点是他会认为"都好"，这曾经被我视为他的不足之处。我有时候甚至不接纳他的这一做法，非得逼着他二选一，或多选一。现在看来，我是错误地分析和判断儿子的这个优点了。所以，养育了两个孩子之后，我清楚地明白，性格其实没有好坏之分，我们需要做的是敞开胸怀，去接纳孩子。在同龄小伙伴中，儿子很容易被大家都接纳；在陌生群体中，他不是最能表现的一个，但是最后都能被大人和其他孩子接受。儿子参加记者夏令营时，从我能观察到的场景来看，他置身于一大群优秀的孩子中，看不到我们成人标准下所谓的"好的表现"。而结果，他表现不错，还获得了"最佳摄影奖"。

假扮游戏显然增进了孩子们对他人的理解能力，当孩子容易了解他人的情绪与心态时，他也较容易接受他人并被他人接受。大宝在游戏中总是能包容别人，特别容易融入各种不同的游戏中，获得更多的游戏乐趣和社交乐趣。

【运动 PK 游戏】

随着孩子的身体发展，我们可以尝试带领孩子们进行各种运动。再"利用"儿童好奇心好胜心强的特性，组织家庭比赛。

这要到孩子都上了幼儿园再开始玩可能会更好，因为此时社会性、规则性，特别是能力的差距不是那么大了。要是其中一个年龄太小，则容易被眼睛能否看见、手是否灵活、移动是否方便这些体质上的差距羁绊，会让游戏难以进行下去。

推荐一项我们在家里常玩的体能游戏：铁人三项。由家庭成员任意选择三项身体项目，各自有不同的标准，以能否达到标准来评分。

【数学启蒙游戏】

扑克牌可以玩出很多数学游戏，比如用扑克牌算 24 点，这在牌类游戏中也最为经典。一人一半牌，每人出 2 张，同时翻开牌面开始计算，加减乘除后先得出 24 者为胜。开始时，大人可以稍微放慢计算速度，以鼓励孩子，让孩子多点乐趣和自信。等孩子们以后学到了分数、开方等新的运算方法后，还可以用来演算。这种游戏对数学计算速度和心算的能力提高大有帮助。

女儿刚开始学 10 以内加法时，我们就从 5 以内的牌开始玩，慢慢增加进 6，然后是 7，一直到 10。其实 10 是个很重要的数字，在幼儿数学中有个"9 的难题"，而扑克牌是非常好的突破利器，因为不用借助什么水果、动物，牌上现成的红心、方块就能教给孩子最直观的"数"。

而且扑克牌作为学具可以任意组合。学习 10 的组成时，我们可以只用 1—9 的 36 张牌，分别找出可以组成 10 的两张好朋友。

【汉字启蒙游戏】

当女儿上了大班，幼儿园当时还积极地教了识字。女儿早就对上学的哥哥认识很多字充满羡慕嫉妒了，一下子就调动了她的识字热情，我们就开始玩拆字游戏。

拆字游戏。我们在户外，经常玩这个汉字游戏，出题人一般会用周边能看到的汉字进行分拆、组合，或者编一个很蹩脚的字谜请其他人猜是什么字。

【地理启蒙游戏】

游戏一　地球仪

地球仪是我们常用的道具。用手转动，闭上眼睛，手指落在某个区域时，另一人要说出这个区域的一些特征，第一个人要凭借这些信息进行猜测地域名称。

不要太较真，开始玩这个游戏时，儿子已经快 6 岁了，女儿还不到 4 岁，她只认识中国，以及她觉得有趣的日本，还有好大好大面积的太平洋。因此轮到她时，她总是眯着眼睛，偷偷指到上述几个地方。儿子和我也不跟她计较，会想着用什么样的描述让她猜。这个游戏让他们慢慢熟悉了各个大洲、大洋，还有几个面积较大的国家，然后儿子的兴趣转移到了一些特殊的国家上，比如，他会问：最小的国家、第二小的国家、亚洲最小的国家、欧洲最小的国家等。

游戏二　猜国名

这个游戏我们在汽车上经常玩：一个人开始述说和某个国家相关的描述，其他的人争取在最少的描述后就能准确地猜出国家。这个游戏既可以通过复述的方式加强记忆，巩固在其他阅读和谈论中知晓的相关知识，又可以引发孩子们强烈的参与热情，让他们开始主动去寻找自己知道和喜欢的国家的知识点。

现在，我们开始热衷玩各种桌游，并且，选择几个速度较快的桌游当成是谁来刷碗啊，谁来刨蒜啊，谁来扔垃圾啊等各种家务的PK项目。

享受分开玩的乐趣

要学会让孩子们享受分开玩的乐趣，不是所有时间都要他俩一起玩，不是所有游戏都适合一起玩，不是他俩随时都能够玩得来。慢慢形成的个性、性别、发展差异，都会决定他们是否能自然地玩在一起。不一定非要强迫他们在一起玩，特别是年龄差距较大的，大宝未必喜欢跟二宝玩，虽然父母希望大宝带着二宝玩。另外，我们也要学会尊重孩子的隐私，分开玩没什么不好，哪怕是相爱着的人，也需要自己的空间，特别是一个幻想的空间，或者是一个记录幻想的空间。

每次我和妻子要去别人家，二宝总会想着要一起去，而大宝不愿意。第一次出现这种情况时，我们就做了说明：一定要听听哥哥的意见。

现在的家庭交往，特别是大一些的孩子之间的往来比以前少多了。其实，住房条件翻天覆地地变化，可以一起玩的内容也多了，但当年那种呼朋唤友串门玩耍的机会却少多了。我们非常重视两个孩子与其他小朋友的交往和游戏。兄妹俩在家里无论如何玩闹、打架，晚饭还要在一起吃，睡觉也要在一个房间里睡，可是，如果是他人、朋友、同学，闹了矛盾就不愿意继续保持原有的友谊。因此，孩子要学会与他人妥协的能力，才能与朋友维持关系。小孩子的朋友一般年龄相仿度要高于兄弟姐妹，却没有兄妹、兄弟、姐弟和姐妹那样固化的次序，会有更丰富的角色和更简单的关系，从而拥有更多彼此试探、了解、发展情谊的机会。

反过来，与同龄人玩耍相处，要懂得收敛手足相处时的无所顾忌。对于二宝来说，还要加快像大宝那样的学会体谅他人、控制自己言行的能力。这都有助于人际关系的建立和改善。

儿子上了小学四年级，也到了他向往的一个人能独立做好多事的时期。比如，他提出放学后要自己回家。这是在他二年级的时候，我们俩商量过的结果。一来学校有规定，四年级之前必须要接送，二来是为了调动儿子管理自己的时间节点的积极性。但真到了这时候我们反倒不放心了,妻子给我说了这样那样的社会案例,弄得我对放手让他自己回家倒含糊了。不过既然是他自己提出来的,那就让他尝试一下吧。其实,喜爱研究地图和路线的他,早就跟我说了那些他发现的从学校到家,不用横穿马路的公交和步行路线。

而女儿还沉浸在好多人一起玩的热闹中。也许有些成人觉得人越多越好玩,估计是小时候这方面的需求没有得到充分满足的原因吧。

有时,周末没有任何安排,孩子们该做的事都做完了,或者天气变化不用去爬山了,或者钢琴老师来电不用上兴趣课了。他俩会一起玩大富翁,或者各玩各的电子积木,整整半天都乐此不疲,直到被我们打回"快点去学习"的现实。

遵守游戏规则

游戏规则有硬性的和软性的区分。硬规则是不同游戏自带的说明性规定,我们一定要读出来、讲清楚,问问孩子们有没有问题,愿不愿意遵守——虽然大家都会"不得不"遵守,但是询问一声是为了养成习惯:游戏规则无论谁定,一定是参与游戏的人确认了要接受的。

软规则通常是民间的、口传的说出来的,偶尔会有标准不一样的时候。这时候,我们只要简明扼要地讲清楚即可,不一定非得像硬规则那样文通字顺，但一定要逻辑清晰，特别是如何判断输赢的关键处一定要让参与者确认都知晓。

在游戏中，我们经常鼓励哥哥反复讲述游戏规则，以妹妹是否听明白为准。而且，请哥哥教妹妹如何玩，当妹妹面临"要输"的局面时，我们会提醒哥哥"妹妹好像不知道怎么办了"、"你已经完成得很好了，能给她一个建议么"。来自"对手"的开导貌似比我们直接出马要有效得多。哥哥现在基本上已经不会赢了游戏后洋洋得意，对待游戏失败也很快能从沮丧的情绪中走出来："快点玩下一场"；有时也存在另外一种"输不起"的表现，这时，他会转移注意力："这个不好玩，我们玩另一个吧。"

不过，对于妹妹的表现，他还做不到用沉着谦虚的态度去帮她提高，妹妹现在也不能以平静的心情学习，她是那种憋着劲"偷师"也要超过你的个性。好在他俩已经可以就游戏中的规则、技巧进行讨论了，妹妹也开始在学习中求教于哥哥了。哥哥的个性其实是很容易把握住的，妹妹一谦虚，哥哥特别乐意帮妹妹。所以，有时我想，学会发出请求，学会在困难的时候主动寻求帮助也是很重要的能力。

全家一起玩游戏，可以让孩子练习合群的技巧、独立解决问题的能力，以及共同解决问题的能力。有的游戏一个回合就能分出胜负，有的游戏则是需要长时间的"鏖战"，需要过关斩将，需要计分，这些游戏设置都可以让孩子体会到：起步晚没关系，赢在终点才是胜利！同时，也可以在一家四口共同参与的游戏中，学习接受当一个输家。这样可以帮助孩子提高在竞争社会的环境里承受失败的能力。

游戏有个核心规则是分出胜负。我们不必"友谊第一，比赛第二"，分出输赢后的"友谊"是不是更宝贵。争先争赢是人的天性，没有谁愿意当输家。然而，孩子"不愿接受输"和"输不起"的不良心态是可以通过游戏、家庭教育得以调整的。我跟孩子们讲过多次自己失败的案例，因为在我看来，家长对待挫折和失败的反应，是孩子学习的榜样。

游戏还有个重要规则要跟孩子们讲一讲的：好的过程才有好的结果。特别是游戏，更需要强调去享受游戏过程的快乐。多数孩子不是一开始就知道这一点的，更重视结果带来的愉悦和兴奋，忽视过程本身。父母也不用着急，不必强调"过程比结果重要"，也不必追求"结果比过程重要"，这个规则需要人生长久的思考。

第四章 从游戏中习得人生规则

游戏是儿童的一项重要工作，轻松愉悦，又包含着教育的真谛，在游戏中，有着人生的缩微，孩子们可以体验输赢的百转千回；在游戏中，有着人文的浓缩，孩子们可以磨练民主的次序轮替。

民主：从轮流玩开始

民主，从轮流玩开始！什么是轮流？那就换个词：交替，无论物种、人类社会、国家等等都在交替之中。或者说一个轮流背后的词——等待，再说一个词——分享，它既有共同使用某物的意思，也有暂时放弃某物的意思。看起来，轮流更容易让孩子接受：等一等就轮到我玩了！有点儿机会均等的意思吧？

对于思想先进、性格温和的大宝来说，我们经常说："这个东西是你的。现在妹妹也想玩，你是否愿意和她轮流来玩？"他是那种不愿跟妹妹纠缠的哥哥，这样既能保证他的"主权"，又能体现他的大度，一般他都会乐意。

二宝一开始并不认同轮流，她要是玩得高兴便会一而再，再而三地玩下去。

一些情况下，我们坚持参与游戏，规定某些次序，比如，从大到小是最常用的轮流次序，爸爸先来，妈妈跟上，然后一定是在妹妹抢着要接手的时候，将游戏玩具传递给哥哥。三番五次下来，妹妹也接受了轮流的基本概念，学会彼此妥协。一旦轮流成为一种内在接受的概念，就能引导他们自己在合适的场合使用这个技巧，来解决与所有权有关的问题。比如，妹妹2岁多在KFC的游乐区，虽然她小，但她会大声主张："轮流玩，轮流玩。"很可惜，有时候她这一招不起作用，因为很多孩子并不具备轮流的概念。

建立轮流概念的方法

天性使然，多数孩子不是一开始就知道与他人分享东西的。当二宝完成了从抱到爬到走的进化，并腾出双手，到处探索她的领地时，竞争就真正开始了。从二宝的角度来说，她觉得自己就是哥伦布、麦哲伦，发现了好多新大陆、新物种，而全然不知这些"新东西"都是大宝的"旧世界"；大宝全然没有土著人那样的"好客"和"愚蠢"：这些明明都是我的，二宝来抢夺，特别是我的玩具，那可不行。好在大宝护"独"的时间不长，大概过了4岁，基本上任由二宝去玩他的东西了。

反过来，大宝比二宝表现出色的地方在于，大宝对于二宝拥有的物品，会利用自己掌握的语言等交际能力，提出要求："妹妹有一个，我为什么没有啊？我也要一个。"或者，用他擅长的分享理论和行动跟二宝提出要轮流玩。

【你分我选】

这真是一个合理有效的方法。许多成人世界的游戏，包括商业领域里都会用到这样的方法。大宝二宝，各有表述，暂不妥协，没关系，请大宝"分赃"，二宝"选择"。这样特别适合对待那些不能明显均分的事物。

【搁置争议】

这可不是为了解决领土争端，而是为了解决儿童生活中的争执。特别受欢迎的、却总是引起争端的物品，可以暂停使用，或者干脆就由我们给收起来，并告诉孩子，你俩还没有找到分享和轮流的好方法，争执已经超出了这件玩具带给你们的快乐了，除非你们找到一起玩的好方法，才可以重新开始玩。

【尊重他人的决定】

每个人都有自己特别钟爱的而不愿给别人的物品。比如，要我借书出去，不如我买一本送给对方好了，儿童也是如此。而且，伴随着物权意识、自我意识等身心发展，孩子有时实在是有不愿意跟别人分享的喜爱的东西,"轮流都不行"。哥哥会在某个时间段,对某个物品,表明拒绝商量的态度。如果强行分享,不但不能显示公平,也无法给孩子树立尊重他人决定的意识。我们只能对妹妹说:"那是哥哥的最爱,一定要哥哥同意。"我也会做出类似的榜样,比如,我讲课经常会用到一些低龄的书,那些书大都已经属于妹妹了,但要用时我还得跟她商量借用。

我们会逐步给俩宝一些固定的属于他们各人的东西。抽屉、箱子、书柜、床……他们得到的越多,协商分享的机会就越多。

【不赞成每样来两份】

我是不赞成什么东西都买两份的,尽管那样可以减少两个孩子之间的争抢,但争吵正是两个孩子一起生活的常态,如果父母总是买俩,一人一个,等于否定了他们学习分享和协商的机会。同时未必能真的可以避免争抢,孩子总是惦记着另外一个。我们的做法是,除非特别的玩具,比如,有性别区分的玩具,否则一律只买一个,让他们自己商量着玩。

【确权很重要】

慢慢地学会分享和轮流玩之后,孩子依旧关心那些东西归谁。有时候父母会忽略这些,比较常见的是,总是希望大的让小的;有时候,为了显示好客和大度在碰到人际交往的时候(家里来了客人,或者是加入到一群孩子中间,或者是参加亲子活动什么的),家长会张罗着要孩子把玩具让给其他小朋友。

过了自我敏感期的孩子,大概是3岁以后吧,他们在家里争抢东西时只要父母不介入的话,最后谁吵(打)赢了东西归谁——这个结果是不分次序、不分性别的:大让小、男让女,没门!孩子好像比大人更尊重所有权的归属。我算是较早明白这个准则的家长,当家里增添了一些所有权性质不那么明确的图书等物品时,会特意强调哪个是哥哥的,哪个是妹妹的。当然,这里面主要是根据他们的大小、性别做出的决定,比如,蜘蛛侠之类的显然是哥哥的,粉色系、芭比什么的归妹妹。他们会自动将各自的物品收拾好,并放到各自的势力范围内。我偶尔也做个实验,把看来像是哥哥的书分给妹妹,妹妹便会提出:"这个给哥哥更好吧。"

这样做的好处是,孩子们对于图书、玩具完全处于分配、轮流、等待、整理的良性循环中。两年前的乐高、现在的桌游,他们都统一收拾在合理的地方,妹妹参与玩乐高后,发挥女孩的细致,进行了合理的分类收纳,桌游也被整齐地码放在公共区域。

有时确权的规则一旦建立,将持续地影响俩宝的相处、对物质的看法、对合作方面的理解。从"你的是你的,我的是我的,各玩各的"到"你的还是你的,我的还是我的,我们轮流玩",再发展到"你的是我们的,我的是我们的,我们一起玩"。看起来,还是这些东西,实则本质上完全不同。

【自己做主】

确权后，就要鼓励孩子自己的东西自己做主。我们鼓励妹妹去跟哥哥协商，可有时候哥哥坚决不同意妹妹的要求。妹妹泪眼婆娑地回来报告："哥哥不让我玩。"我们会表扬妹妹在被哥哥拒绝后，不哭不闹也没有跟他去抢："这可真是长大懂事了。"高帽子先戴上去，然后再跟她讨论哥哥所做的决定"也没有错"："我知道你想玩，可是那个东西是哥哥的对不对？他是不是可以决定给你玩，或者不给你玩？你自己的玩具是不是也可以自己决定给谁玩？虽然，他不给你玩你很难过，可他也没有错，依然是你最好的哥哥啊。"接着再商量："还想玩么？有什么其他的办法？""我等着他玩好了再给我玩。"女儿回答。这已经进入"轮流"和"等待"的良性循环了。"可是这个时候你做什么呢？妈妈陪你玩好不好？"女儿听说有这样的陪玩，当然乐意啦。或者，我会问："你有没有决定过不给他玩的东西？是不是可以跟他换着玩？"当然有时候也会被哥哥拒绝，这时妹妹就嘟嘟嘴、摇摇头："那我玩自己的好了。"

反过来，哥哥这样的决定我们会在事后赞赏他："自己的东西当然是由自己决定的。"然后，话锋一转："不过妹妹有点儿失望，她好喜欢跟你玩，而且喜欢你教她玩。就是我们常说的'跟屁虫'。如果，妹妹再次来找你商量，她要是能好好跟你说话，你愿意重新考虑你的决定么？"对于哥哥，这样的规劝一般能够奏效。或者再进一步，试问他："妹妹有点难过，你还有没有其他的玩具给她玩一会？说不定，你能让她又高兴起来呢！"

这样的劝说，在保持自己决定的基础上又提出一个新的解决方法。

俩宝正是在游戏中，在轮流和等待中，习得了民主的基本素养。我们不敢说将来能起到什么样的作用，最起码他们的童年会快乐很多。

为游戏精神点赞

我们有句口头禅，专门针对俩宝的和谐精神的："你知道，你有个最好的哥哥。""你是个最好的妹妹。"不过听起来，好像都是在为大宝说话——谁让我们家有个"牛二"呢！

当然，不光这两句，每当俩宝各自主导解决了两人之间的冲突后，我们都会大力点赞。有时候，我们会主动地引导他们的行为，然后为他们的行动点赞。比如，我在吃水果的时候，妹妹总是愿意来帮忙，我都会提醒她先给妈妈送一块，再给哥哥送一块。妹妹都能忍住自己想先吃的欲望，完成我交代的任务，如此，我必定给予表扬："妹妹不仅孝敬妈妈，还知道尊重哥哥呢。"

哥哥在做作业，妹妹有了疑问，就随时提问，这样打断了哥哥的进程。一开始的几次，哥哥很不爽，言语间不耐烦。有一次，哥哥很耐心地回答妹妹问的几个查字典的问题，正好这个过程被我看在眼里。因为这个时候，我们全家开始写日记，我就把这个事情写到日记里——我知道儿子会看的，这样表扬的效果也不错："哥哥今天真像个老师，很有耐心地回答妹妹的问题，自己做作业被妹妹打断了也一点不生气。"

我们会经常发现，负面的猜测和口头批评常常变为现实，这就是《星际穿越》中提到的"墨菲定律"。

平日里要养成为孩子行为点赞的习惯，而且要真正地发现孩子的优势，真诚地描述孩子各自的优点。发现、接受、赞美每个个体，并赞赏俩宝的这些优点给大家带来的美好的感受，当然也要赞赏他们因为自己获得的不同"成就"的满足感和幸福感。

好胜心

我看过国外的一个案例，说的是一位姐姐："有时候，当有两个东西让我们选择时，明明我很想要其中一个，但如果我妹妹选了另一个后，我会转变主意很想要妹妹的那一个。因为我觉得，那个可能比较好。如果妹妹转变主意，要我本来拿的那一个，我又会回过头来，也想要那一个。"

这样的事情在我家的大宝和二宝身上也完全适用，但就我的观察，二宝更擅长这样做。于是，遇到需要选择的时候，比如，挑玩具、选绘本、看看今天吃什么、坐哪个座位……我们都让他俩去商量。大宝"让步"和"坚持"的比例大约是 7∶3，二宝很容易得手。我不知道，二宝这么容易得手，会不会增加她无理要求的机会呢？

早前，我们有过几次"强迫"二宝的行为，基本上都是"逼着"二宝听大宝的。但是，尝试过几次后我们就放弃了，二宝天生有"抢夺"的欲望，而且更关注"抢夺"本身。这个问题，我们商量过，是强迫二宝接受更多的规则呢，还是保护她的"斗志"呢？我们还是希望通过一些体验和教训，让二宝能够具备一定的社交自信心。不是要抢第一，而是在同等条件下呈现最好的自己；以及帮助二宝更加了解他人的情绪和心态。同样的生活环境，因性格差异，作为大宝的哥哥逐渐具备了了解和关心他人情绪心态的能力，而身为二宝的妹妹还需要多做努力和尝试。

也许是二宝一出生就要面对"大宝"这个时时相伴的竞争对手，所以二宝更加看重自己所拥有的物质，更不愿意分享，更容易争抢。这也不是能强压可以改变的，否则会让二宝有更深的愤怒和受挫感，说不定真的会让她放弃进取之心呢。

在家庭成员间的游戏中，对二宝表现出的好斗争胜我们都习以为常了。因此，也时时教导二宝玩游戏要赢得谦虚、输得大方。说起来容易，多少成人都很难做到，这可是漫长的人生的课程，不仅仅是儿童的课程。当然，即使我们做不到，也要当成价值观传递下去，希望孩子们在成长中体会并做到。

我们要善待孩子们投入到争抢中的精力、时间和脑力——包括动手动脚，因为他们的目的就是想得到双方满意的结果，所以坚持、妥协都是合理的……

君子动口不动手

孩子都喜欢玩游戏，也关心游戏的结果，因此就容易激动，玩着玩着就闹起来。所以，我们要学会分辨孩子们游戏时的不同噪音——都是很大、很吵，但有些听起来是安全的、高兴的，大人不必去管，让他们吵个够；慢慢情绪化了，就略微关注下；开始互相攻击了，包括言语和行为，可以适当出马，将攻击性转向游戏本身即可，并不一定要断然拒绝攻击。这一点妈妈做得很好，她会告诉哥哥，你这样的行为会让妹妹痛，妹妹是个女生，这是在教儿子从小学会尊重女性。有时甚至还有些危险动作——拧胳膊、推搡。曾经哥哥弄痛了妹妹的手，妹妹打到了哥哥的耳朵。这也是必要的体验，发肤之痛的体验，希望能让他们学会控制自己的肢体行为。

以上这些在两个孩子的争斗中，经过各自痛的体验，经过父母的约束，他们可以学会什么是过分的肢体动作，从而学会约束自己的行为，帮助孩子了解肢体与情绪之间的界限，从而加深他们对竞争以及胜负的理解，并通过自己的尝试达成大脑控制四肢的理想状态，最后消解攻击性。

他们大一点了，我在跟他们聊"君子动口不动手"的时候，会说起在中国，除了传统文化的道德约束之外，法律也对动手打人规定了一些惩罚条款，而动口虽然有伤大雅，但总不至于触及法律。这么说，其实是想在俩宝之间划定一条高压线——在家里不许动手。

关于这一点，我要检讨，我的性子急，对孩子们有一些语言暴力，过去几年也有年均一次的打孩子屁股的行为。我不是在指责现在的父亲打孩子，而是检讨自己动手和动口"攻击"的理由站不住，基本上是自己负面情绪陡然高了八度的结果，是情绪的发泄。儿女倒没有照猫画虎学上我的那些一招半式，儿子只是有时候会吓唬妹妹："再不如何，我就打你屁股啦。"他这样说也未必是我榜样示范的作用，出于同伴交往对其的影响也是有可能的，毕竟他现在长大了，接触的同龄人各有各的成长环境，同学之间的沟通和交流，是父母无法掌控，但又不得不面对的对儿女成长有利有弊的因素。

现在校园霸凌依旧存在，儿子班上就有一个霸道的家伙，我直接或间接地听到过那个孩子欺负过儿子，二年级时儿子跟我说过，我问他："你是怎么处理的？"他说："如果觉得被欺负得厉害，就告诉老师。"

"当然比较好的是告诉老师，但是有时候告诉老师不如自己去解决问题。比如，你可以警告他，再有下一次，要么还手，要么你就告诉老师。如果，你需要爸爸帮忙，我也有成人的方法去解决。"儿子当然不愿意，而是提出要自己解决。我觉得，儿子已经消化了这样的事件对自己的影响，不把它当一回事也未尝不是个方法。

或许，我们从小就限制了他的粗野行为，或许正是过于精心的照顾，养成了儿子谨慎的个性。其实，男孩子之间的动手动脚是很自然的雄性动物的天性，压抑这样的行为是在压抑天性。

我们慢慢接受，儿子对内对外斗争策略和战术的不同，这是和他内在的发展步调一致的表现。他刚上小学时候，我曾经教他如何动手、如何发力，他有心但身体跟不上，在和我的对抗练习中，有心无力，然后是无心恋战。我猜测，他觉得自己不需要这些技能。到了三年级的时候，他已经会对我的突然出招快速抵挡了，而这就是我以前想让他学会的——不去主动攻击对方，但要学会保护好自己。于是，有一次，借由我们都很喜爱的某品牌大打折扣的活动，我俩买了一件印有"The Best Defence is Attack"的衣服。我俩聊起来，并且我在他面前示范在用双手防守的时候，可以出脚攻击。同样，儿子也不是很有兴趣。看起来他还没有理解到那句话。

等着吧！

The Best Master is Time.

第五章 成长自己

言传不如身教

子女能否理解他人的感受，正确表达自己的情绪，取决于他们日常看到的家长如何表达自己的情绪，良好的"身教"有助于子女对情绪的了解，以及提高感受别人情绪的能力。最简单的方式是尊重家人的情绪，特别是我们大人要尊重孩子的情绪。

而这正是我花了不少时间去改造自己的地方。看看我参与育儿的种种，也大致能猜到我是个理性与感性兼具的家伙，那也意味着我可能时不时会有情绪化的表现。

有些妈妈在辅导孩子们学习时候，也常常情绪失控。我有时也会抓狂，所以我很少辅导孩子功课。即使有，一旦发现自己情绪不对，赶紧退避三舍，坚决把这个"坏事"——检查作业并签字等等让给妈妈去做，自己尽量不去管学业方面的事。

因此，很多人说爸爸好，我承认，我确实做了很多称得上是好爸爸的事情，掩盖了经常控制不住的情绪爆发。要知道，来自爸爸的负面情绪，也会给孩子们带来不少额外的压力。

我曾经读到过一位父亲写的一篇讲父子关系的"檄文"——《战争与和平》,开头就宣称:"今天我又打了儿子。每次打他时,我毫不激动,不带任何一点情绪。但如果不带一点情绪,会使他认为挨揍的理由不充分。因此,为了让他意识到问题的严重性,我每次都假装很激动,假装气得发抖……"我曾一度赞叹文中的观点,再一琢磨,还是不要痛打儿女为妙,打孩子是情绪发泄,不是教育;打孩子并不能实现文中所说的目标:"当我发现,宽松不利于他努力学习时,我就开始制造恐怖,开始变得极权而专制——矫枉需要过正。"这显然是不理性的。

儿童从泛灵论(认为世上万物皆有灵性)到泛爱论(认为世上万物皆有爱心,我对他好,他就会爱我)的演变中,会逐渐学会体谅别人,是因为受到父母的榜样示范的影响,而这些是很难被教导出来的。

父母之间的相互关爱,在某种程度上不也是"手足相亲"的典范么?

与其夫妻俩尽可能要求自己和子女去学习和接近某些所谓的"经典家庭教育",为何不从我自己开始呢?为什么不从我对妻子的关爱(不是夫妻间的,有点儿哥哥对妹妹,甚至是绅士对女士那样的)开始呢?

不仅如此,我们还要检讨下,父母对于子女是否控制欲过强?父母之间的关系是不是总是不和谐?父母中的一方是不是过于强势？父母是不是用否定、疑问句式多于肯定句式？这样的情况下，子女之间互不退让、推卸责任等的现象就可能会大幅度增加。

不过，我们不必过于自责，就好像我现在十分坦然一样，我们都是普通人，失误在所难免，对于真理的认知总是后知后觉，能力总是有高有低，毕竟，学习是一个漫长的过程。

孩子与我们的关系是相互调适的结果，相互之间的适应是你和孩子的修为。

我们不能用后来的结果去衡量育儿过程中的对与错，何况，即使我们知道了对错，也依旧在彼时彼刻采取自己最擅长的处理方式。我们得接受自己的坏方式、坏习惯，了解自己能力有限，当自己能力无法达到，目标实现不了时，也不必自责。来一句陈词滥调：只要一家四口（亲子之间、兄妹之间、夫妻之间）爱心满满，关系和谐，就没什么好担心的。或许，父母的不完美，正是让子女学会接受世上种种不完美的开始。

发展手足间的亲密关系

我在网络上发表过一篇博文——《幸好我们生了俩》，没啥文字，晒的是大宝和二宝在一起的亲密照片。可正是这样的照片特别能够吸引人，也感染自己。

大宝仿佛天生有着照顾二宝的能力，小心翼翼地跟二宝玩耍，主动提出要给二宝喂奶……二宝哭闹的时候，还会去安慰，或者叫爸爸妈妈去看看。

伦敦大学心理学教授彼得·史密斯的一项研究结果表明：有兄弟姐妹的话，可以帮助我们了解他人的想法和感觉。有哥哥姐姐的小孩在这方面的发展，会比没有哥哥姐姐的孩子提早6—12个月。这是个很重要的结论，因此我们就要思考：为什么会这样？也许是手足间一些假扮或身份互换的游戏所导致的；也许是他们之间的冲突迫使他们必须思考并寻求解决方式而形成的。不管真正原因为何，有很多研究都显示了这方面的结论。

研究表明，小至8个月的婴儿都能显示出他们对哥哥姐姐的亲近；许多婴孩到了14个月大时，会想念不在身边的哥哥姐姐；或是当哥哥姐姐沮丧时，给予他们安慰。他们会摸一摸哥哥姐姐，找可以安慰的东西给他们，以表达关怀。科学研究还无法揭示，一旦小孩进入青春期之后，这种了解他人的早期发展，到底有何长期的影响。

我家二宝是在刚学会说话后不久，就会叫"哥"，于是就开始了一生的念叨：哥、哥、哥……她不会说话时的一个常见的动作是指着哥哥，然后朝向自己身边拍拍，这是请哥哥过来的意思，其实她也没有什么特定的事儿请哥哥到身边来，就是一种习惯，喜欢哥哥在身边的感觉。

几次和哥哥的短暂分别都会引起她的不安。

岁月流逝，我们认为长大了的妹妹对此会不以为然，可是大班时候，哥哥要一个人去外地足球集训两周，刚刚送走哥哥，妹妹就哇哇大哭起来："我想哥哥，我要哥哥回来……"我以为这是妹妹的一种小心理在起作用，过一两天就没事了。可是这一段时间，妹妹总是哭哭啼啼的。每天晚上哥哥都会往家里打电话，妹妹分外珍惜这段"兄妹沟通"的时刻，早早守候在电话机旁。

为何俩宝间会发展出这样的亲密感情呢？在他们最美好的童年，他们大多时候在一起，特别是最初的 7 年，吃喝拉撒睡都在一起。那么多的相同、相似点，他们彼此之间的了解比他们与其他人更为深厚，甚至比我们做父母的了解都深。举个例子，我们都写日记，我会经常看看他们写的内容，有一段时间妹妹每天画一些令人难以看懂的符号，我会"自作聪明"地解读一番。有一次，并列几个小人，我说："这是开学第一天，孩子们排队走。"哥哥第二天看到了后说："妹妹画的是看演出的事啊！"我们接着去问妹妹，果不其然。

2015 年春节的自驾游，妹妹对小豆面馆的思念情绪被哥哥通过对讲机捕捉到了，哥哥就非常关心这件事……可见，俩宝之间会对对方的低落情绪特别敏感，他们能够想象出对方的感受，能预期彼此的心理——这不是天生的能力，而完全是在后天一起生活中形成的共同的生命密码，一种类似于孪生子那样的心灵相通。

因此在他们的内心深处，对方是最特别的那一个。像是另外一个自己，他们通过观察自己的行为对另一个人的影响，而学会进退、对错……有时，俩人打架，我们不管的话，妹妹不是被哥哥的还击弄哭了，就是自己吓哭了（当然，也有耍赖皮干哭的时候），当哥哥看到自己的行为引起了妹妹的伤心时，自己也很快沮丧起来，仿佛他也能感觉到妹妹的感受。

其实，这种感受力是可以训练有素的，请注意"训练有素"这个词，不是干巴巴的说教之类，而是通过语言和行为的引导让孩子在反复中学会提升能力的方法。可惜，言语的表达经常被父母们忽略，很多人有着这样一种语言习惯——自己思考的过程其实很长，要说明的话其实有好几句，可偏偏只说出一个结果，或者是认为对方能够明白的断句。这个方式是很难帮助到孩子的，例如：

"哥哥，你这样妹妹拿不动啊！"

"哥哥，让妹妹先把哑铃抓住了，让她试试能不能拿得动。真好，你这样就能帮到她。"

很显然，后者比前者要多出一倍的字，对于孩子的效果也会倍增。既鼓励了哥哥接受我们的指导，安全地将不知道妹妹能否拿住的哑铃交接过去，又表明了哥哥具有为他人着想的能力。

之前，哥哥在这方面是有些瑕疵的。在他与妹妹的争抢中，哥哥是经常妥协退让的那个，也许"哥哥要让妹妹"已经内化成他的行为准则了,但是他交接的方式让妈妈很恼火:"儿子,明明你已经同意让给妹妹了,就不要向妹妹扔过去。这样显得你的退让很没有诚意、没有爱心。"我理解妻子的这个教导,但我还不确定,先让哥哥舒缓下情绪是不是更合适?

建立合作关系

无论如何,我们已经开始做一些调整:鼓励哥哥为妹妹着想的行为,并表示感谢和奖励,背后也跟妹妹谈起在哥哥做了让步后,妹妹也要愉快地在第一时间表示感谢。我们会在语言表达上多说几句能够暗示哥哥为他人着想的话,但是要安全、温柔地提示。

"只有一个电子积木,你们都想玩,那么怎样玩才能让大家都玩到,都能高兴起来呢?"

"呀,离9点半上床睡觉只有10分钟了,只够读一本绘本的时间了。可是你们各自选了一本都想读,你们有什么好的方法吗?"

有时候,他们解决问题的时间比那个10分钟还要长,但是一旦他们有了最后的方法,我们还是会给予鼓励并执行,让他们享受协同解决问题的成果。

兄妹俩在解决过几次分歧后,就会把当时的解决方案、模式作为成功案例，说不定他俩早就已经有了自己的"36计"了呢。特别是父母没有插手的案例更能加强他们自己解决问题的信心。当然，这其中要有一些分寸，我们规定了，凡是他们可以商量解决的，就别来找爸爸妈妈解决。不过，我们也别一下子放权过多，从一些小事情开始训练他们、引导他们想出更多可行的方法。

如果他们也积极地想了方法，但是因为一些特殊复杂的原因，比如时间、涉及到他人等，他们的方案显然有点儿"落后"，我们可以直接给他们一些解决方案——最后是结合他们的方案，整合出几个方案，让他们选择。一般认为选择相对容易，其实也是他们快速分析判断协商妥协后才能达成的，也是能力的训练。

常常还会出现这样的情况：有一些经常出现的问题，他俩也已经商量过具体的解决方法了，但还是解决不了问题。比如，俩宝在餐桌上碰到的问题：二宝是左撇子和哥哥的右手总是打架，他们实施过调整距离、妹妹吃饭时用右手等方法，可是因为我们家吃饭的餐桌位置相对固定，妹妹喜欢坐在妈妈旁边，所以她不愿意通过换座位的方法彻底解决这个问题。最后，大家一起商量后，认为全体座位都应该大调整，按照从大到小的顺序安排座位，这样妹妹的座位就换到了边上，而且设定一个"试坐期"。后来，妹妹看这样能真正解决他俩的碰撞，也就默认了。

随着孩子们的年龄增长，我们提供给他们的合作项目也在增加难度，比如，洗车、做烘焙等。洗车工作量很大，而妹妹那个时候才上幼儿园大班,他俩的分工就得照顾到妹妹,虽然妹妹的野心很大,对她来说,洗车更像是个游戏,她总是希望能用上我用的工具。不过,我和哥哥还是分给妹妹较小的部分,但是事后的鼓励和报酬,却是几近大锅饭:哥哥仅仅比妹妹多1块钱!重要的是让妹妹觉得她的工作很有价值,让哥哥觉得妹妹的合作很有价值,而我也会告诉他们俩,他们的工作多么重要。

从他们每次兴奋地向妈妈报告劳动成果的时候可以看出来,他们将自己的劳动看得很重,也明白没有其中任何一个人的话,车要想洗干净是不可能的。

妈妈的再次赞赏会更加让他们觉得:"嗯,我俩合伙做了一件有价值,还能挣零花钱的事。爸爸对洗车的结果很满意,妈妈对我们的表现很满意。"

我最近在张罗着要改变自己,主要是想减少自己一针见血地发现问题和批评问题的能力,这个能力虽能让自己随心所欲,却无法让他人愉悦。我们不说各种经典的说教,传统的占卜经典《周易》的450条爻辞中,大约47%是吉,27%是中性的,剩下的才是不吉利的。赞美和吉利本来就比责怪和威胁更容易激发人的兴趣和斗志。如果我们能够发自真心地赞美,而不是随意地点赞,孩子听到父母的赞扬、看到父母赞许的表情,那种美妙的感觉会给他们极大的鼓舞,将被赞扬赞许过的言行举止,设定为自己的标尺,因而获得更多家庭外的肯定,从而建立自信自尊,形成独特的个性品质。

我们一定要让孩子们明白，我们为何要赞美他们。

是镜子不是影子

很多人会认为有了大宝作为参照，二宝的成长会比较轻松。事实上，当二宝并不容易，大宝给了他（她）参照的同时，也会对他（她）的生活产生阴影。换句话说，二宝会逐渐变成大宝的影子。

"影子"这一概念是儿童作品中常用的设定，它隐喻着我们内心的阴暗世界，包括一些压抑、不良的情绪，也预示着随时可能爆发的危险。所以，如果不去正视这种可能存在的阴影关系，他们就没办法更加清楚地认识自己，而无法走出这种阴影，他们就会错过本应拥有的成长机会。

不过也不用太过担心，因为破解大宝这个阴影并没有那么困难。大宝之所以会成为二宝的阴影，主要是他一直以高高大大、严肃甚至有点儿凶的形象出现。那么，引导大宝去改变这个形象，就能迅速瓦解所谓的阴影。说实话，大宝自己也不乐意一直紧绷着，那就做一个让二宝心生畏惧的哥哥或姐姐吧！

除此之外，要注意积极营建俩宝的良好关系，打破阴影状态下的命令——服从关系，从而形成在长幼有序基础上的平等友好关系。打个比喻，大宝对于二宝，不应该是一个影子，而应该是一面镜子：他们相互见证着彼此的成长，也相互映射着彼此的好与坏。一旦这种平等友好的关系确立下来，对于他们以后会成为什么样的人，以及如何在未来的风风雨雨中相互扶持都有着极其深远的影响。而要想达到这样一种关系，给予他们更多的相处时间，更多的玩耍机会是绝对必要的。只有在朝夕陪伴的相处中，才会使他们深深地理解：他们不是人与影子、偶像与追随者的关系，他们是平行的关系，是同胞、同辈、亲人，是朋友。在他们之间，是我笑你也会笑的镜子，而不是令人惶恐的影子。

让他们自己解决

我们需要孩子们有自己解决问题的能力。但是有些爸爸妈妈却不余遗力地越俎代庖，或者是不愿意放弃能让自己在孩子面前刷存在感、功劳感的事情。父母会想：我们做了这么多，你居然这么看？孩子们需要啊，孩子们做不好啊，孩子们做得慢啊，孩子们这样，孩子们那样……但是为何不让孩子们亲自动手做做看呢？不就是自己选的衣服搭配得不合妈妈的审美么？可孩子不经过自己的尝试如何能提高自己的色彩搭配能力呢？让他们自己选、自己决定要穿什么样的衣服、要带什么书出门、去公园野餐自己带什么零食……有了"自己做主"的尝试，才能有经验和教训，才能学会解决包括手足矛盾在内的各种冲突的能力。

不说依赖性的问题，单说判断力的发展，只有实践的判断次数越多，才会越有机会修正孩子的不妥选择。何况大人有时候已经先入为主，完全是用成人的眼光和标准在做判断！

比较好的是给俩宝规定不同的前置条件，这个前置条件是根据各自的能力发展而设定的，不是非得强求公平。比如，骑自行车。大宝已经开始能够独自骑车了，他当然可以在安全的范围内任意骑行。二宝刚开始学骑车，那只能在小区里指定的区域里骑车。

儿子提出的四年级独自回家，妹妹很担心哥哥要是走丢了怎么办——这是她能想到的最担心的问题。其实我们也有更多的担心：交通意外、绑架等，但是我们尊重孩子做出的决定，并帮助他避免可能出现的安全问题。在提供了安全指导图书阅读后，我跟他讨论了儿童在路上针对可能出现的安全隐患采取何种应对方法后，让他更加有信心地独自上路。

可是，我发现，学骑车、独自走路上学这样的"重大"事情，很容易在得到大人和孩子的双重重视中得到合理有效的解决，而有一些"小事情"却经常被否定掉。比如，在外"随便"就餐，比如，穿衣服、鞋子……我们经常一票否决，并且很简单地否决："这是垃圾食品"、"那个颜色不好看"……我们既然期望孩子无论在家里还是社会上都能勇于表达自己的喜好，那么，在碰到孩子表达喜好的时候，要十分敏锐地抓住这个问题的核心，并做一些权衡：是坚持家长的美感标准、安全标准、卫生标准，还是给孩子一个了解并建立自己标准的机会？

对于俩宝的矛盾，也可以采用"让他们自己解决"的态度去处理。大宝和二宝的争斗是天生的，有些争斗是可以转化为正面的、有益的磨合过程，而家长应做一个清醒的旁观者，放手让他们自己解决。幼儿时期他们总是站在自己的角度来思考问题，特别是我家的妹妹，完全是从跟哥哥作对开始"共商国是"的。不过，对立是共同解决问题的开始，不是吗？女儿到了大班还从1岁多的小表妹那儿学会了说"不要不要不要"，并当成自己的语言武器。哥哥跟她说事情前，总是要用"不不不"、"不要不要不要"开始，哥哥还经常拿这事调侃她："妹妹，你先说几个'不不不'吧，我再跟你说。"

笑话归笑话，大宝和二宝从对立开始，慢慢学会分享各自的观点，正在表达自己观点的时候得到对方反对的态度、言行，经过一番商量、讨论、理解后反倒增加了找到令双方都满意的解决方法的可能性。

记得我在演讲时一般这么说："我们给不了，或者把握不住孩子的未来，但是我们完全可以做主的是给孩子另一个最熟悉的伙伴，当他们手拉手，就会心灵相通，就会彼此温暖，就会更有力量。"

第六章 扬惩的艺术

发自真心地赞美孩子

父母容易犯错的地方之一,是对二宝的目光、语气和关注显得更"真诚"一些。没人否认父母对俩宝一样的爱,但是在大宝曾经和父母共同度过的独生子女生涯中,父母已经对大宝有了相对严苛的要求。这种细微的差别会不会让我们哪怕是在赞美和表扬大宝的时候,都有那么一点儿的"程序化"?是不是打心底里赞美孩子,孩子是能够体会其中的差别的。要是变成"您也就这么一说,我也就一听",将会失去表扬的效果,家人为了某种效果、模式去夸赞,而孩子也不会认为父母是真心地表扬,这样会滋生不信任。被真心赞美后孩子的反馈其实我们也能感受到,瞬间引爆的笑容、眼睛里的闪亮、表达谢意的拥抱……今天接儿子回家,他告诉我作业很少,我就接过话来:"正好回家可以做做数学题,听妈妈说,开学这些日子你每天都做数学题,而且很难的奥数题都能自己琢磨出来。"用"眉飞色舞"这个成语来描述那时儿子的表情特别恰当,他的语调也立即欢快起来。

某天回到家，发现女儿已经练完扬琴了，我也如法炮制，用类似的话来表扬："听妈妈说这周你每天都练扬琴，难怪进步这么快。"女儿却不以为然……每个孩子都是不同个体，同样的话对大宝有效，未必对二宝有效。

在辅导女儿的扬琴和钢琴的学习过程中，妻子经常采取的奖励措施，使得女儿总是抱着期待妈妈赞美的心态。我觉得应该尽早让她知道自己到底喜不喜欢自己所学习的这项技能，是否能从中得到乐趣，更多地重视自己的感受，而非弹得符合老师的要求或让妈妈高兴之类。女儿的扬琴进步不小，我已经不是简单地夸她认真学习什么的，而是说："女儿啊，看到你流畅地弹奏扬琴的那种兴奋和愉快的样子，爸爸特别地开心。"妈妈也因为女儿的进步增强了信心和耐心——这是用她的软硬兼施和女儿的泪水换来的。我们也要提供机会，让孩子看到我们专注于某一件喜欢的事上的乐趣。我每天写稿，都会向孩子们报告今天写了几千字、提前完成了哪些写作计划等，我溢于言表的快乐让儿女同样兴奋。在这本书的创作期间，儿子一度开始"创作"他的小说呢。

赞美一个，不能伤害另一个

赞美中最重要的一条：赞美一个，不能伤害另一个。不要过度地就同一件事当着俩孩子的面夸奖其中一个，这会对另外一个孩子带来不小的压力，说不定适得其反。大宝和二宝会有一些差距，同样一个事情确实会有不同的反应速度和对应方法，其实我们很难说出好和坏、快和慢、对和错，适合孩子本身就好，各自去赞美就好。可是经常会出现，对于俩宝相互之间的差距——要是表扬得多了、过了，其中一个慢慢地就好像成了"别人家的孩子"，为对方感到骄傲这种高级别的感受，要到孩子们到了少年时期才会有呢。

女儿的第一个期末，儿子的第七个期末，各自带着精彩回来。女儿被评为"阳光少年"——相当于三好学生，虽然哥哥也预测到了妹妹能有这样的好成绩，但他还是有些失落——不是嫉妒，就是有些惆怅，有些黯然。但是，我们及时发现了哥哥的闪光点，哥哥成绩中的三个"优秀"因妹妹没有考试而变得很突出、独一无二，于是我们既表扬了妹妹的"阳光少年"，也赞美了哥哥的三个"优秀"。

我们很怕听到："哥哥怎么没得到'阳光少年'呢？"也怕听到："妹妹一上学就比哥哥厉害啊！"或者其他更有比较性的话语，在赞扬声中，暗藏着对于另一位的批评。

可是，我也担心，这样会不会降低父母的喜悦感、降低妹妹的成就感呢？赞美和表扬对应的是孩子的成长和进步，每个孩子都渴望有属于自己的光荣时刻，一碗水端平的赞扬，会不会剥夺了孩子独自欣赏的时刻？

赞美不需要公平，一定是孩子的某一个具体言行值得夸赞，而不是为了平衡，顺手地、顺口地给一个赞扬。要提醒的是，如果除了赞美结果（好成绩），也赞美他们努力的过程，那孩子总有被赞美的时刻。这时候的赞美最好是一种说明性赞美，即详细地指出孩子所获成果的过程中具体的努力之处，能清楚地描述产生的结果和正在发生的变化，以及为什么值得赞美。这样的赞美不仅显示我们重视和关心过程和结果，也表达了我们对孩子能保持获得这种结果的努力的希望。

试比较一下哪种表扬更真诚贴心吧：

"妹妹，你一回家就做作业，做完了还把书包给收拾好了，这样明天上学前就不着急了。"

VS

"你真是个乖女孩。"

赞美就是赞美，不要留尾巴

或许是不擅长，或许是不诚心，有些父母的表扬，在言语中暗含负能量。比如，"这次终于按时起床了！"，再比如，"这次进步了，你看，只要认真点，就能有进步！"……这样的话就像我们成人间的"反讽"一样，带有很明显的"明褒暗贬"或者是"表面是褒扬，实际有抱怨"——甚至隐含着批评，绝对会打击孩子的积极性。"这次终于按时起床了"孩子能理解出"你总是不按时起床";"这次进步了,只要认真点,就能有进步"包含着"你不认真"的评价,这会降低赞美的效果,也会让孩子感觉到父母对自己的不信任,自己的对与错、进步与落后什么的都是父母意料之中的结果。

在语言的背后(有时候父母不是故意的,只不过是已经形成的思维和表达习惯)不断提及孩子的弱点,不会有多少正能量。最简单的方法就是我们历来都有的"报喜不报忧"的做法,我们经常对自己的长辈娴熟地使用这个策略,不妨对子女也如是做。

平日里我们要常常将孩子的点滴成绩看在眼里、记在心上、挂在嘴边,简单清晰地突出孩子的长处和取得的进步,比如,"你这次考试是最高分呢!" 我们也尝试着要将赞美重点引向孩子本身,甚至可以带有幽默的表达:"你这次考试进步啦,除了你每天都预习复习多做多思考外,你是不是有什么魔法?"让孩子知道是自己的努力才取得了进步。

"最"要不得

广告法都已经严令禁止使用"最"字的表达,家有俩宝的教养语言也要慎用"最"。虽为一母所生,每一个孩子都是独一无二的,根本不必在两个孩子之间做比较。

一般而言,二宝喜欢全方面地与大宝进行比较。虽然因为"硬件"不足明显落后于大宝的方面,比如跑步、跳绳次数、负重等,结果是可预测的，但我们依然可以赞美孩子们在做事过程中的表现，会比表扬他们获得的结果更能引起孩子的共鸣，这也让他们知道自己在过程中的努力也被父母所关注。他的点滴进步所得到的赞美会帮助他们建立起自信，我们可以尝试在过程中通过设问的方法来凸显他们的成绩和进步。比如，两个孩子都在做手工的时候，我们可以观察孩子的表现，分别提出问题："你是怎么选择出这么匹配的颜色的？"、"你剪星星的速度很快，有什么绝活吗？"……这样的问题，一方面使孩子们能感受到赞美的愉悦，另一方面促使他们在各自"擅长"的小环节更加用心，成为真正的"高手"。

同样，通过赞美细化了的过程，强化孩子所取得的每一个小小的成功，找出对付不足的办法，可以使孩子具有自我评估和全面评估的思维，将来会平和地面对过程中的困境，更容易达成目标。

物质奖励要不要？

贴纸是学前孩子在幼儿园及各种教育机构常见的奖励工具，完全取代了当年小红花的作用，却比小红花更容易实施、更有效果。我一度把这玩意当成是精神奖励，而非物质奖励。孩子们在上幼儿园的时候，一回家就会展示手上、脑门上、衣服上、书包上的各类贴纸。这是老师们欣赏和奖励幼儿的证据，表明孩子的能力和被欣赏的程度。

儿子四年级的数学老师、英语老师经常动用物质奖励，小孩子也趋之若鹜，并引以为傲。

在一个集体中，这样一个具有精神奖励意义的小小物质，很容易物超所用——集体中的竞争会放大这种效应。在家里行吗？

反正家里好久没有用贴纸来做奖励了。

很奇怪，女儿上学了，儿子也升级了，妈妈却开了历史倒车——买了一堆各种各样的贴纸，用来做儿女按计划做完各项"工作"后的奖励！

我曾经对此嗤之以鼻，但现实让我大跌眼镜：女儿孜孜以求，儿子也饶有兴趣——或许哥哥本来意兴阑珊，但是妹妹的热烈反应也激起了他的兴趣。

我跟妻子还就这个问题进行了讨论。讨论结果是虽然实物奖励不能代替我们明确的说明性赞美，但却是最快产生效果的直接性刺激。建议把奖励游戏化，比如，发行家庭货币——可以交换、换取特定的实物和时间等。

有的爸爸妈妈为了让孩子更好地学习，为了达到某个特定的目的，会特别大方地奖励一些较大型的物质，甚至会特别积极主动地动用一些不恰当的机会去奖励。我有时觉得这么做，一方面动机不纯，另一方面也改变了奖励的初衷，成了拍孩子马屁的做法，会让孩子把那些该做的该学的，变成需要物质刺激才去做的事——到时候父母会认为，怎么孩子这么现实这么功利啊，未曾想就是当初自己"急功近利"埋下的种子；也会让孩子总是希望得到更多、更好、更值钱、更大型的物质奖励，如果不满足，会以自己的退步和停滞来要挟。

家规跟上

俩宝需要我们身体力行做示范，需要我们的时刻关注，需要我们的精神鼓励，需要我们的物质激励。如果，家有家规，就更容易让俩宝明次序、知礼节、懂谦让……在家里既定的规矩面前，孩子们更容易退让和妥协，更容易解决冲突。

家里的规定好像就是在俩宝的各项冲突和不公平中，设定了界限。俩宝在具体的事件中都会有跨界的时候，我们事先确定的、坚定执行的界限条款可以帮助孩子强化和理解界限的含义，并享受界限对他们的支持和指导。

家规各有不同，但要简单明了，让孩子参与制定与讨论。不是规定好了就一成不变，是可以提议修改的。一旦执行了一段时间，规矩会固化大家的行为，还能起到保护各个成员的作用，更会影响到家里所有人的价值观，孩子也会觉得有安全感——毕竟孩子成长中的"自由"会被家规的"法治"调节，也印证了一句成人社会的至理名言："没有法治的自由是危险的！"

一家之规对于孩子的好处还在于，孩子更能适应将来走向社会后的各项限制，平衡个人自由与制度法规的关系。

有了家规，对于仲裁孩子们的争执和争斗会变得简单一些。看到哥哥急了要动手，我们会说："哥哥，我们说好男生不能欺负女生。"妹妹因为气愤打了自己一巴掌，我们会抓紧提醒："妹妹，我们说好不能伤害自己。有没有其他方法告诉大家你很生气，有没有我们可以一起帮助你消气的方法？"

违规了，怎么办？

若是同时违规，首先要做的是立即分开二人，然后是设法让两人冷静下来，只要能静下心来，问题也就解决了一半。静下来才能各自描述清楚、思考清楚刚才言行中各自应该承担的责任。

我自己曾经犯过一个错误：在孩子争斗时，我会立即分责任，并进行惩罚，以至于，哥哥和妹妹之间总是把威胁当成理性沟通。而转向规矩先行后，虽然也有惩罚条款，但更多的是奖励条款，能够给孩子正向提醒，而不是负面强化。

孩子渐长，我们也应该修订家法，少用禁令，多用引导性的条文，以强化内在吸收，并作为对俩宝不同发展状态下的灵活处理。

适当的界限

有一个情况也是我们要注意的，那就是界限的问题：比如，我们提倡孩子说话大声，可是在楼梯里、走道里，说悄悄话什么的，却非得小声不可。"是你要玩大富翁的，怎么刚玩一会就不玩了？""昨天我们还玩了一个小时的木头人呢，我还没玩够呢！"

同样是挠痒痒，心情愉快时候的哥哥会一挠就笑，躲闪不停；心情不爽的时候，妹妹要是做伸手状，都会被哥哥打回来。把妹妹写好的日记藏起来，可能很有趣，但这个得在妹妹有空、正高兴的时候；如果赶上妹妹在忙很多事，比如，已经挺晚了，她着急着要睡觉，第二天还要早起负责早阅读课，或者书包拉链爸爸还没有修好的时候，可能会引发一场大战。

适当，对成人来说都是个艰难的判断，更别说孩子了。他们需要时间，需要彼此更多的这种情绪与事情之间的练习，需要爸爸妈妈更多的榜样示范。

有时候，树立大宝遵守规矩的榜样行为，也会对二宝有所帮助。既是规矩，也是二宝自己愿意努力的方向。妹妹为了养成一回到家就做作业的好习惯，在度过了好奇和好强的第一学期后，她自己提出要做一个像哥哥那样的计划表——那个表是在儿子三年级的"小学生关键期"才启用的。

妹妹稍微大些开始更加频繁地用"马屁山"（MP3）听音频资料了，比如，"小鲁讲历史"、"英语故事"等——这些内容都是大宝听过的，女儿早就瞄上了大宝已经吸收的知识。这个听读的过程，对孩子的能力提升大有裨益，她有了大宝这个榜样，也多了一份主动学习的动力。

第三篇

"战争"来了

　　我认为养育俩宝，从二宝出生到步入青春期会有四次危机，每一次的危机时刻都会发生各种"战争"。第一次是二宝出生后站在大宝的角度让他接受二宝。第二次是二宝 2 岁左右小小逆反期的"否定哥哥"的小摩擦。在 6 岁前后是充满你争我抢、你来我往的第三次危机。最后一关就是青春期前后了。

　　在这四个阶段中，哪一个阶段"敌对事件"最多发呢？有一项调查显示，7 岁孩子与兄弟姐妹吵架比例最高，达到 93%。看来"七岁八岁讨狗嫌"，还真是至理名言啊！

　　孩子什么样的状态容易引发"战争"？恼火、疲倦、无聊、饿了、困了、刚被爸爸妈妈批评过……有时就是想"斗争"，没理由的。

　　因此，家有俩宝就得做好迎接"四次大战"的准备。既要学会前一篇的和平策略，又要组建"维和部队"，爸爸妈妈还得化身维护和平的正义使者。

第一章 对立和冲突也可以成为正能量

"都是哥哥的错！"——是否意味着，家中追责的氛围很浓呢？

"是哥哥先开始的！"——是否表明，每次冲突总得有个替罪羊？

自从二宝诞生，我就成了两个娃的爸爸，我就没有指望他们能时时刻刻和平共处——这简直是不切实际的空想。

怎么看待？怎么办？

本篇重点在经验和教训的基础上，提出我们解决俩宝争斗的有效策略。在化解我们最棘手、最迫切的烦恼的同时，要是能帮助他们化干戈为玉帛则更好了。

我的一个基本理念是，别总想着根除大宝和二宝之间的争吵和争斗，对立和冲突不全是负能量。因为这可以使他们提早适应社会，学会处理不同的意见、学习折中，并能在必要的和情况许可的范围内坚持己见。

手足冲突很快会消停

大宝和二宝在信任和友爱的前提下的冲突，能够拉伸各自在人际关系上的弹性，有助于关注和了解他人的感受和需要。

清楚地记得妹妹有一次在和哥哥大吵一架后，哭诉道："我跟你说了我好难受……"哥哥先是愣住了，然后凑过去说："那我下回不这样了。"

在儿子还是独生子的时候，我们曾经指点过他："如果和小朋友在玩闹的时候，你觉得对方让你不舒服了，你要先说'你这样做我觉得不舒服，我不愿意跟你玩'。"可儿子在上幼儿园期间一直没有形成这样的习惯。和妹妹的这次对话，我觉得可以帮助他体会到被别人要求时候的心理活动，而他做出的满足妹妹的承诺，会不会激励他也采用这样的方法呢？

在儿童时代，经常冲突不代表关系不好。最常见的是今天说要老死不相往来，恨不得对方立马消失，睡了一觉后，变成"我最爱哥哥了"。要我说，睡一觉算是很长时间了，说兄妹俩转眼之间就重归于好一点儿不夸张。

妹妹在家里很喜欢帮妈妈做厨房助手，端菜、盛饭、取筷子什么的，特别乐意干，哥哥偶尔也参与。可是妹妹另有一癖好是独占这些劳动——有时候我心里会想，将来一些大的家务活要是这么抢着做、霸占着做，那我们可享福了。有一次，哥哥动了妹妹的筷子——取筷子发筷子是妹妹的超级爱好之一，于是妹妹不乐意了，非得要哥哥给放回去，还不断向他叫嚷着"再也不理你了"。

等全家坐好，照例是先感谢妈妈做的好饭菜，再感谢妹妹这个小助手，妹妹立刻就补充说："还有哥哥也帮忙了。"我们仨好诧异，妹妹这么快就"饶了"哥哥了？

妹妹经常因无聊而去招惹哥哥。妹妹在上幼儿园大班的时候，哥哥正是三年级转型期，作业也开始繁重，习惯也已养成——回家就做作业、听英语、听历史，而妹妹的"工作"很少，磨磨蹭蹭也能完成，于是她会跟哥哥这么玩、那么说……我一开始还老说教："妹妹，你应该有自己要做的事啊，不要去影响哥哥。"后来就是哥哥直接跟妹妹发飙了，请妹妹安静，甚至要求妹妹离开房间。

反复下来，妹妹也看出我们是支持哥哥的，基本上就消停了。而且为了表明态度，她写了一张大字报贴在门上："学习时间，请勿打扰！谁都不行！"

现在，妹妹已经主动和妈妈商量制定了一张家庭劳作计划表，每天回来按计划行事。哥哥很恰当地表扬了妹妹："我三年级才开始做计划表，妹妹现在不错啊。"

父母不要传递负能量

榜样示范是最有效的家庭教育方法，可示范并不只是正向的，父母的负能量同样会被孩子照单全收，适时反馈。

有一段时间，我的做法不好，会被年幼的孩子效仿。我会对妻子辅导孩子功课的一些不足，比如，耐心程度、解题方法什么的，在旁边"标新立异"，加上妻子在她负责的领域很容易为了维护权威对我横眉冷对，而我有时候据理不力争，则相安无事天下太平，若是那时我愤而抗争出言——看起来，不仅仅是挑战，甚至是在挑衅，这种行为很容易被子女复制，比如，妹妹会对哥哥的一些协商置之不理，甚至是反唇相讥……好在我是那种发现问题就会逐步修正的。后来的儿女学业完全由妻子主导，我只是负责提建议或者看到一些问题后与妻子沟通，商讨合适的方法。

否则，我们一方面绞尽脑汁要教导孩子们相亲相爱、相敬如宾、相濡以沫，另一方面用错误的言行给孩子相反的讯息。最典型的例子是我们大声呵斥孩子不要太吵了，这会被孩子迅速学会。比如，妹妹做口算时，哥哥正看着妹妹的前一个作业——语文听写，并大声诵读着，妹妹毫无征兆地大声嚷嚷："哥哥，你太吵啦！"

不过，最近我在思考：家庭能否提供每一个成员这样一个宣泄的场地、机会、对象？

有几次，我觉得妹妹的一些负面情绪的宣泄过度了，而对她严词喝止后，都会想到这个问题：啊，女儿这是在跟爸爸倾诉呢！如果形成了被拒绝的刻板印象，那么在她还很漫长的成长中，她会不会因此不再跟我倾吐呢？

我觉得这个问题刻不容缓，家庭不仅仅是分享喜悦的地方，更应该成为可以排遣负面情绪、发泄愤懑、减压的地方。我们要引导的是，如何用较缓和的方式来表达。沉默不语和激烈对抗都不是好的方法，将情绪单纯地发泄或传递给最可以给我们安全感的人，如父母、哥哥，虽不能从根本上解决问题，但的确可以舒缓情绪，释放压力。

但是每个人行为模式不同，也不可强求统一。我是有了情绪就一定要疏导的人，当然最主要的心理缓解来自自身的努力，但如果家人都能够给予慰藉，尴尬和痛苦就能更快地消弭。而妻子是那种负面情绪，转身就能忘掉，倒头就能睡着的人。这点我是自愧不如，但也不能强求。对子女来说，他们的个体成长、人生阅历刚刚起步，丰富多样的情绪表达都在给他们提供样板。

不过，我还是希望大人应该敏感一些，对于进家门的孩子做些最快的观察和判断——并不需要多长的时间、多大的精力、多好的眼力，只需要持续地关注就好。一旦有某种苗头，我们先发制人："宝贝，好像有点儿不一样啊。""看看我们有什么方法找到这些情绪，然后放走它"……如果我们没有这么做，还是按照既有的安排一一督促、检查，甚至批评——你想想孩子会有怎样的挫败感。

学校和社会带来的好的情绪，作为还不能做到喜怒不形于色的小朋友，他们第一时间会把美好心情带回家来分享：英语老师奖励我啦、我当上足球队副队长啦……我们真的不能只负责分享到他们的喜悦，还要发挥成人的魔力发现和排遣他们的不悦。

这么做的另一好处是，无论大宝还是二宝，他们不仅学会了如何控制情绪，还会进一步知道伤害他人并不能达到目的，只会导致更多的"战争"，不仅自己会更不快乐，也会让手足不快乐。

激发俩宝冲突的"负能量"

什么事会引发"战争"？大宝和二宝太熟悉了，他们会对对方在乎什么、对什么事情容易生气、怎么做能惹恼对方很清楚，这样他们可以高效地在竞争中掌握一些微妙的主动（反过来，对怎么能讨好对方、让对方高兴也同样了如指掌）。同样，在"战争"中，另一方也会对自己已经被掌握的弱点或者方法进行调整——这是一个漫长的过程，手足间栽在同一个问题上的几率依然很大，大家知道无论如何大宝还会是大宝，二宝依旧是二宝，即便是冲突也是不设防的，所以，"在哪里跌倒，还在那里跌倒"是常态。但是对他人可就未必这样，那就吃一堑长一智，朋友可不是同一屋檐下的。

还有，俩宝相处一室，不想亲密也得亲密，语言交互、肢体接触、物品共享等方面，都很自由毫不拘束。在我们家，因为大宝要上学，我们搬到了外婆家，买了高低床，在好奇之后，他们依旧兴致不减，以前只是抱怨过家里要是有两个卫生间就好了，从来没有对两人同住一室发表过意见。小小的房间，成了他俩学习、生活的重要场所，地方小，俩人的接触更频繁，因此对对方的一切更能够产生兴趣、了解和模仿，他们几乎很少发生"抢地盘"方面的争执。

若是"战争"中爆发了"短兵相接"，或者是单方面挑衅这样的情况，表象之下流露出的实际上是孩子内心的压抑和苦恼。很多情况下是外部的矛盾和冲突，包括被老师批评、遭遇欺凌等，手足未必会对这样的爆发有所包容和担当，我们要多一些观察，对照过往的经验，给他多一些的关心，尽快把他从"手足相残"中拉出来，帮孩子的情绪找一个出口。

反过来也对我们提出了要求，注意力要合理分布。对于儿童而言，获取父母的注意是个大事。如果他们发觉惹怒手足也能获得哪怕是负面的关注，那也比没有强啊。

第二章 "战争"的类型

孩子间的敌对表现到底有哪些？嘲讽、说反话、说坏话、动手动脚、挑衅、威胁、打小报告、驱赶，还有那句"永远永远永远永远永远永远不理你了"。

我觉得打小报告、骂人和动手是三种主要的"战斗"形式。

打小报告

说到打小报告，我们家是反对这种方式的。但是，我们有时候又要求孩子们"报告"，以便成人（老师、父母）可以帮助他们找到正在发生或者潜在的问题。这会让拿捏不准"报告的分寸"的孩子们陷入难以判断的困境中。

而且，日常生活中，父母是需要孩子们的小报告的！对多子女的爸爸妈妈们来说，这可是一个有效了解真相（特别是青春期前后）的绝好方法。

可是实际中，作为哥哥的大宝很少打小报告，而妹妹会多一些。

在大宝和二宝的"战争"前后，二宝的小报告相对多一些。

所以，我正在主导一项"明理"运动：向家人们准确地说明一些涉及他人的家规、协作。比如，就小报告来说，在家里，只有父母出面才能解决的、危险的、严重的事情，应该及时告诉我们。像是某个黑色星期五：爸爸打碎了一个杯子，妈妈打碎了一个罐子，哥哥也打碎了一个瓶子，都及时地互相通知了。特别是哥哥打碎的时候，就两个孩子在，我觉得哥哥采取了相对正确的方法：封锁现场，让妹妹和自己都远离危险，第一时间告诉大人，及时处理。

对于非必要的小报告，特别是二宝想通过公开大宝的隐私，看看大宝会受到什么样的惩罚来报告的时候，或者，对于为在"战后"的和平秩序中占据"舆论高地"的小报告，我们还是坚决不欢迎的态度。

妹妹："我要听'小鲁讲历史'，哥哥老是大声跟我说话。"这样的"反映问题现状"的小报告是属于一定要驳回的种类。完全可以跟哥哥去商量："我需要安静，而你需要朗读课文。"几次下来，他们俩的解决方案就很成熟了，一旦一个人先开始听MP3了，另一个人如果想念书或也听MP3，就得转移到另外一个房间。

对于小报告，我们如何处理？

之前，妈妈最简单的处理方法是直言不讳："别跟我说，你们自己去处理。"我有时候觉得这样不妥，但总是找不到更好的说法，就一直沿用下来。好在这样的回应，没有让孩子（主要是二宝）打小报告的目的得逞，并告之还是要回到"谈判桌上"，也就是与大宝协商解决问题，一定程度上减少了二宝打小报告的次数。

孩子其实同大人一样，或者说比大人更加"功利"——如果他们发现某个方法不起作用，他们就会停止。这也正是他们纯真的地方。

骂人

俩宝之间用于互骂的词更新频率不高。上次是说笨蛋吧，接下来的半年，他们还是喜欢用"笨蛋"来回应和"赞美"对方。

我们反对说脏话，不管是俩宝冲突时骂人，还是日常的一些表达。可是要举例脏话，我们也很保守，不会主动地说哪些是爸爸妈妈反对的脏话——这有点儿提醒的意味了，只能是听到了孩子无意识地说出后，立刻疾言厉色地指出来。骂人比说脏话要程度轻一些。有些不像是脏话，也会在游戏时为捉弄而说，但是在冲突中能发挥出精神伤害的功能——出于恶意的言语攻击。我们提倡，不用过激的话和激烈的表达去解决问题。很多情况下，骂人是打人的前奏。

对于孩子偶然冒出的脏话或骂人的话，除了当即提出意见，事后不要过多地强调，比如，惩罚、反复唠叨、再次出现时翻旧账。其目的是让骂人者自己也觉得"没达到目的",听的人一副无视的态度,导致说的人也会觉得这些话不管用。

一个危险的做法是,父母对孩子恶意的或有意无意的行为找理由,其实骂人的危险度也不那么大,可是父母要是一味庇护,就埋下了"恶行"的种子。比如,根本听之任之:"哥哥是最好的哥哥,我觉得他不是故意的。"

动手

我们似乎没有"强求"大宝不要对二宝的挑衅行为做出反击,但是妻子强调过男生最好不要轻易对女生反击,包括说不文明的话,更不能动手。这样的宽松政策可能是导致大宝经常跟二宝冲突的原因之一吧。好在大宝也应该从很多的信息渠道知晓"大宝不能欺负二宝"的"规矩",况且,二宝的挑衅通常是没有什么杀伤力的行为。不过,这已经给我们的观察带来了困扰——一有"战争"爆发,我们总觉得二宝挑起争端的可能性更大。

二宝激怒大宝,大宝忍了又忍,偏偏在忍不住的时候用男性的、符合他年龄和个性特点的方法动手回击,恰好使得"战斗"公开,或者升级到了需要父母介入的状态——"妈妈,哥哥打我。"

就我的观察,二宝比大宝更善用一些冲突技巧,比如,会在第一时间回击大宝,并在回击后为避免受到大宝的进一步打击,而采取告状的方法;如果二宝像我们家中是女儿的话,她们会通过哭哭啼啼的方法，转移父母的注意力——我是被欺负的一方啊；她们也会率先响应父母的处理意见，特别是父母根据表象"大压小"做出的判断。

俩宝之间的"战争"是竞争的一种特殊表现。我们一般会认为，二宝会在竞争中占据优势。可是，一些研究认为，有了二宝的竞争，会促进大宝的成长。比利时心理学家瓦西里斯·塞罗格娄指出："大宝身上肩负的往往是责任、竞争和传统，而余下的孩子则可能通过顽皮、合作，甚至叛逆来建立一个特性。"与此类似，纽约大学心理学教授本·达特纳指出，大宝更倾向于用自身的成就来取悦父母。

所以，更具有竞争天性的二宝的到来，不仅使得原本是独生子女的大宝成了"老大"，更帮助大宝更像"老大"。

第三章 "战争"的解决

解决冲突、平息冲突的方法和能力是父母们需要加以了解和学习的。本章介绍一个有用、有效的FFS三步法（FFS是发现问题、理清情绪、找到方案的英文首字母）和召开家庭会议，以及说抱歉、先隔离、口头威胁、褒扬和惩戒、"双杀"和"替身"等解决冲突的六个策略。

FFS 三步法

FFS 三步法——发现问题、理清情绪、找到方案。

【发现问题 (Find)】

有时候，孩子们的能力不同、认知不同、经验不同，对同一个问题说不定有完全不同的立场，从而产生不同观点，他们只是争执这个不同，而不是争执这个不同引发的结果。

比如，为吃什么争论得脸红脖子粗，上次是哥哥做了让步，那么这一次呢？下一次呢？只是这一次（需要强调）到底吃什么？其实，吃意面还是吃小豆面馆，本身是个无聊的话题，他俩都能吵得天翻地覆，并乐在其中。

有时候，为了快速介入，可以立即摊牌，指出他们的行为违反了家规。"有人动手了，这可违反了家规。""我好像听到了大宝提出你不要这样做了，我们可是全家人都同意的，如果有人提出不愿意了、不愉快了，就应该停止。"

要注意，这类具有一定判断性的表达只是为了停止战斗所用，之后还需要帮助双方理清情绪。

【理清情绪 (Feelings)】

接着上个例子说。

"妹妹最近特别想吃小豆面馆，而上一次选餐馆就是听了妹妹的要求。这次按你们的约定，该听哥哥的选择了。现在你们俩一个特别想吃，一个要按游戏规则来，双方都不妥协，所以都很生气。"——够啰嗦的吧！有时候啰嗦的过程，就是一个降温的过程——你们知道爸爸也生气吗？你们这样争吵，让我很不高兴。

既然是理清情绪，就应给俩宝相等的机会，请他们分别申述，并且提倡等一方说完后，另一方再说，允许补充。即使是很明显（这要归功于父母对自家孩子的全面把握，以及处理类似事情的丰富经验）地能看出谁是"侵略者"谁是"受害者"，也要让他们各自说完，不直接下结论——这何尝不是语言发展的机会？

在听的过程中，重复孩子的话，比如，"于是，你很生哥哥的气"、"你觉得妹妹冤枉你了"……这会让孩子觉得自己的情绪被爸爸妈妈了解了，其实也是发泄给对方了——感觉在一种很公正的环境下。这也会让双方冷静下来，也会让孩子冷静地明了吵闹的根源。

【找到方案 (Solution)】

"你们大吼大叫，眼看着要动手了，而且为吃什么而动手！现在能不能不用刚才那样的态度和方法来解决问题？我们每个人都想一个方法，看看哪种是大家都能接受的。"记得我当时出了一个"馊"主意："哥哥长大了，很多事情可以自己做了，如果你们乐意的话，我们可以试着各自去吃各自喜欢的食物……"

一听说要分开吃饭，兄妹俩（那个时候分别是二年级和大班）其实还是喜欢什么事都一起，妹妹估计也觉得自己理亏什么的，加上哥哥说了"意面也是你最喜欢吃的啊，小豆我也喜欢，吃什么我都可以啊"，妹妹于是就很大度地说："那这次还是应该听哥哥的。"

事情就这么圆满解决了。

父母如何解决彼此之间的战争给孩子巨大的影响。FFS 三步法也同样适用成人，要是父母能够在发生冲突时，能以积极的态度，找问题、理情绪、寻方案，就能给孩子最重要的教化。不是有个流行的说法——"最好的家教是母亲平和的态度"（这句话不全面，父亲同样需要平和的态度和耐心），妈妈在处理家庭冲突时确实可以发挥更大的作用。如果在孩子们的面前，父母有了冲突，其中的一方如果能够率先冷静下来，不去激化矛盾，不仅能促使双方冷静下来，也能更加清楚我们对于孩子的期望，可以投入地争执，但会不带针对性地解决冲突，然后继续相亲相爱，这不正是我们希望俩宝做的吗？

即便没有当着孩子的面冲突，但是要是声音过大，被子女知道后，不妨跟孩子们直言，比如，"我和妈妈为了周末去登山还是去博物馆没有说服对方，正生气呢。"然后说出解决方案："我们先冷静下来，然后再想办法解决。"

召开家庭会议

家庭会议是我们解决重大事件的沟通平台，某种程度上也能解决一些俩宝之间的"战争"，并且是在众目睽睽之下进行的。家庭会议保证了程序的"合法性"，不论大小男女，都可以发表意见；会议的目的就是在各自观点充分表达的基础上解决问题；会议还设有观点不一致时的投票环节，也是一个解决冲突的良方。

解决冲突六策略

孩子们似乎很容易和解，而且跟"战斗"的火热相比和解显得低调很多，我们成人的速度跟不上他们。我们还会要求孩子主动说"对不起"。也许我们并没有暗示过他们说了"对不起"就解决了问题。但是，孩子们会以为"谁说抱歉谁有责任"，于是就不会很及时、很爽快地说。而强迫说更不能得到诚意，反而让孩子觉得压力很大。这种道歉，其实俩宝和父母都能够感受到其中的诚意不足，爸爸妈妈会陷入两难之中。

【说抱歉】

其实，说抱歉对于孩子来说不应具备这么重大的意义。如果抱歉能当场终止"战斗"当然最好。不说抱歉，但那个事结束了，也挺好。哪怕再起波澜也是又一场新的"战斗"。

再有，我们不要过早地判断谁是谁非，然后立即要求道歉。

有时候，孩子间的抱歉声一听就不对劲，应付倒也罢了，更有玩笑的调调，不但不能化解矛盾，反而雪上加霜。

而我们带有成人思维的诚意道歉，也很难在孩子们嘴里听到。他们对于冲突的不在意，也会造成他们道歉时缺乏诚意。有些家长注意到了这个问题，希望孩子们之间的道歉能够诚心诚意，但这个不用刻意要求。

【先隔离】

要是俩宝的情绪较难平复，可以隔离他们，让他们分开至不同的房间。我甚至会直接惩罚他们，让他们站到阳台上，一边一个静思 3 分钟。其目的是让孩子冷静下来，然后再来解决问题。但是，我做得不好的地方是，我是简单明了地给出指令，其实应该先"理清情绪"——"现在你们都很激动，无法停止互相指责而协商解决问题，你们最好分开几分钟，让自己平静下来，我再听你们一个一个地说。"

一定记住要给大家一个再次解决问题的机会，而不是隔离时间一到，就地解散。孩子们在各自冷静的时候，会一边思考解决方案，我们应该在结束隔离后立即进入"理清程序"。

在我家处理俩宝的"战争"中，会发现一些效果不好的方法。比如，一句貌似追根究源、寻求公平的话："是谁先开始的？"这样的介入会让孩子热衷于推卸责任，以为找到那个第一人就能够得到公平正确的判断。

【口头威胁】

气头上的父母会不会发出这样的口头威胁："周五的电影没得看了"、"我把地图给没收了"、"妹妹的新发卡不买了"……我写出这些威胁的时候，都能感受到孩子的心理：委屈、失望会大于悔恨吧。取消孩子本应具有的福利，会让孩子觉得成了父母处理不公平（因为还没有处理的结论啊）的受害者，有时候会让孩子更加情绪化。但如果威胁和处罚并没有执行，孩子又会觉得不痛不痒，下次照旧。比较好的是，偶然可以使用，特别是威胁内容和孩子们的"战斗"内容有一定的相关性的时候，比如，孩子们为争去哪类快餐店用餐，其实这个情形经常出现，基本上用不着介入。有一次冲突严重了，出现了骂人的行为，我就发出了一个月不许吃同类快餐的威胁。

威胁来得快、效果好，但是不能多用。我认为，威胁本身就是一种暴力，用威胁解决争端就成了以暴制暴；另外，我认为威胁会转移焦点，本来是要停止"战争"解决争端，结果一威胁就转移到了威胁的后果上了。威胁的目的是让孩子冷静下来，然后开始解决问题，而不是要么取消福利，要么没收东西。

"妹妹比你小啊"和"妹妹是个女生啊"这两种表达我们常用，但我们不会简单地用，一定要有前后文才行。比如，"妹妹是个女生啊，男生对待女生要绅士一点"这是引导男孩应有的绅士风度，而不是让儿子觉得性别不同，自己的意见就得不到父母的公平对待。

"我已经跟你说过好多次了，你们不能……"这是一个多方皆输的表达。之前没有效果，这次还采用，是不是笨父母啊？其次，孩子们觉得：哦，这是我们再次地跟父母顶撞了，大人说既往不咎是假的，怎么老是把以前的事拎出来说呢？最后，历史一再重复。所以，这绝不是具有建设性的说法，只是在表达自己的情绪，顺便也是在推卸责任：我之前已经尽到了教育的责任，现在别怪我不客气了，接大招吧……

【褒扬策略】

与之相反，通过褒扬策略给妹妹灌输："你有个最好的哥哥。"有时候能起作用。但是，说得多的话，是不是也会产生反作用——反正我有个最好的哥哥，哥哥不就是用来欺负，用来占便宜的么？

对于哥哥而言，哎呀，妈妈又说我是最好的哥哥了，是不是提醒我该让步了，不让步、不让妹妹还能是最好的哥哥么？

【"双杀"策略】

"双杀"策略是我们不得已而为之的一种方法。有一阵子，其实不止一阵子，大概有半年时间内，兄妹俩会为一些被我们认为是无聊到极点的问题吵架——到底是什么，我都忘掉了，你看得有多无聊啊。妻子后来发现有这个问题的苗头就立即出手，对双方提出警告："你们俩，这么无聊的架吵起来多没意思啊。"基本上能奏效。但是，同时批评两人看起来一点儿都不公平，其他的"战争"要慎用。

【替身策略】

替身策略不常用的话也会有效。父母中的一方搬出另一方来教导孩子，我发现，有些时候不在"战争"现场的另一位好像更有说服力。或许，他们觉得深爱的爸爸妈妈不看到他们的战争为好。

不过，说一千道一万，每个家庭里，俩宝完全是按各自特有的轨迹生活，孩子与父母之间有着习以为常的应对方式，以上策略仅作参考而已。

内战内行，外战外行。有没有发现，年龄渐长，孩子对待手足和对待同伴有着不同的方法。比如，为了应对与同学的冲突，采用了我们特别希望的、用心教导的"和为贵"的处理方法，而面对自己手足，却采用了"胜者为王"的方法。

我们会以为大宝和二宝的冲突没什么大不了，随他们闹去。可乐加曼妥思的比喻合适么？父母不要简单地抑制孩子的负面情绪，让气泡自然地在可乐瓶中慢慢发酵。然后，在我们以为安全时，喷发而出……

父母的介入

我不知道别人怎么看待，我是没有把大宝和二宝的"战争"当成是关系紧张、不良的特征的，有了这样的认知，我不会过早——但还是会介入他们的"战争"。就怕父母在不恰当的时候，或者时机还算合适，但是选了不恰当的方式介入。

有时因同样的问题而争吵，我们会以不同的方法去解决。

遇到孩子们反复为同一个问题争吵时，我们要稍微等一等，不仅等他们自己的处理方式，也要思考这个表象后面是不是有其他的原因。

会不会是因为我们不恰当的介入而导致的呢？

父母最容易做的事是顺水推舟，跟着发泄自己的情绪；最难的，也是最想让子女学到的——深吸一口气，让自己冷静下来。

当真正能做到这样时，才发现自己原来好有力量！

要提醒的是，并不是说不可以表达自己的观点，但可以坦诚地告诉孩子们："我现在有点儿生气了，我很担心很凶地对你们大吵大嚷，那是我不愿意的。我得消消气，然后找你们谈谈。"

我这样做过，效果不错。

女儿有时候会觉得我们肯定会支持她，在各自不退让的时候，我们好像过多地支持了她的主张。其实，我是特别想维护儿子的主张，但是他后来发展到了包容性特别强，很容易就在妹妹的坚持下退让。或许他认为这些都是不值一提的小事吧。可是他们之间的"战争"，又有哪些真的算是大事呢？

总在"战争"中占上风的孩子，说不定会有"爸爸妈妈允许我这么做/说"的念头，因而会更加地固执己见，并威胁他人，从而变成一个不会妥协、输不起的人。

如果，我们把介入的时机提前会怎么样？比如，在"战争"初期就提出孩子能够掌控的建设性的意见，可以降低冲突的等级，以及为以后类似事件的解决提供案例。例如：

哥哥提出:"哎呀,妹妹,我跟你商量下,该我睡上铺了。有大半年了,你一直睡上铺。我不想睡下铺。轮换的啊。"

妹妹说:"我睡下铺危险,容易掉地上。"

"可是该我了……"哥哥显然有些恼火了。

我的建议是:"妹妹,轮换是我们的规则,是要遵守的。哥哥对你这么好,你是否可以换成跟哥哥商量,你睡上铺的时间多一些,哥哥少一些的方案?"

于是,讨论的内容立马转向了,"好哥哥,能不能一天换一次?一月换一次……"真是个傻姑娘啊,我心想,她可以将以前三个月一换而变成哥哥两个月就换回来,然后她可以三个月换回去啊……妹妹商量的结果是一个月两人就换回来。

除了在反复的维和行动中增长了爸爸妈妈的调停经验外,我建议:

"战争"中的一方明显劣势,即将落败,而他的落败显然违背"国际秩序"时候,要介入;"战争"发展到了肢体冲突,而且"战斗"现场不是在松软的怎么摔倒都不会受伤的沙滩,不是在宽大的双人床上,也不是空间狭小想大打出手都伸不开手脚的汽车后座,更不是阳光下宽敞明亮没有尖锐物没有易碎物的绿油油的草地上……这时候,爸爸妈妈要立即出手。

对于前者，宜温和介入，提出建设性的解决方法；对于后者则强力介入，先叫停，再解决问题。

如果发现对孩子的点评有失偏颇，我们应该对此道歉，并真诚地"语言召回"——这也可以成为家庭的小仪式。这对孩子是极有帮助的社交方法。"抱歉，大宝，我刚才说那样的话不是很合适，只顾着发泄情绪了，并没有跟你讲明白到底什么原因导致我不高兴，我要说的应该是这样这样的……"

情绪的排解

我认为负面情绪分两种，一种是纯粹的负面情绪，来得快去得快。就好像大家都在排队，突然插进来一人，你会感到愤怒。但等到那个人离开了，无论是退后了还是办完事了，你觉得也就这样吧，愤怒的情绪也不了了之了。

另一种是间歇性的负面情绪，时间长，潜伏深。如果家长的坏情绪没能及时排遣，孩子紧接着做错了事，我们不能因为之前产生的坏情绪，影响到自己，并转移到了孩子这里。

或者，我们不能因为看到子女彼此斗气，也跟着生气。

当我们念绘本、看电影、读报纸时，处处可以看到不同的家庭生活、不同的手足关系、不同的情绪表达，虽然有种种的不同，但有一点是相同的，家人之间没有迁怒、没有暗潮汹涌。这种间接的经验能够帮助孩子在毫无压力、潜移默化之下，学会如何释放和控制自己的情绪。如果能通过舒缓儿童情绪、强化自我心理的方式，促进孩子的内在发展，才是让俩宝各自健康成长的最佳保障。

发现并确认情绪是第一步，这不是相对容易做到的，帮助子女排解情绪是个挑战。有时候，我们心里清楚儿女情绪不佳的原因，但是要不要强调规矩呢？女儿生病，或者遇到不顺心的事，我回家跟她打招呼，她会"不要不要"，我基本上会把既定的家规置之脑后，任她这样"无理"。不过，女儿会自己找机会弥补。但我有件事经常没做对——迁就她的负面情绪可以，但是事后应该跟她好好聊聊。于是，我事后尝试跟她说："我知道你不高兴，身体也难受，你也知道应该跟爸爸打招呼。说'不要不要'把头扭过去其实也跟我打了招呼，不过我们家里都是要面对面地问好的……"

还有，要注意发现和观察自己的孩子是如何处理各自的情绪的。在我们家，有人会乱翻东西；有人会大吵大嚷；有人闷头画画做手工；有人尝试自己待着；有敲敲打打的行为；也有嘟嘟囔囔的抱怨……方法很多，鼓励他们要表达情绪，在床上蹦来蹦去成了他俩的一个特殊的方法，用不了几个回合，蹦着蹦着就和好了。

第四章 尊重孩子的不同

学会表达各自需求

有天晚上,妈妈正陪着妹妹读英语,因为妹妹生病,妈妈的精力较多用在陪伴和照顾妹妹。哥哥其实有很多要做的事情,自己都安排得井井有条的。我看到哥哥走到母女旁去询问:"妈妈,我明天穿啥衣服?"妈妈只好停下来,说:"校服就好。"然后等她们读完书,妈妈走过来对儿子说:"我在忙着其他事情的时候,你最好等一个合适的机会跟我说话,就像我们看演出一样,如果迟到了,得等到幕间休息才能进去。"我看到哥哥的眼神立马有些暗淡,不是妈妈说得不对,而是哥哥此时有特定的心理和情绪需求,忙碌中的妈妈没有把握住而已。

但父母确实不能做到无所不在,更无法在面对大宝和二宝各自不同的情绪需求时候做好准确的分析判断。所以我们应该评估他们的需求,然后按自己心理的某个优先顺序来照顾最需要照顾的孩子。显然妈妈优先照顾病中的妹妹,这个顺序没问题,但是哥哥明显受到了一定的忽视。在哥哥试探性地表达需求时,我们就不能按正常状态下的教导和引导方式对待。

类似的例子哥哥和妹妹颠倒的情况尤其多。上了小学，哥哥需要的关于学业方面的辅导时间一再增加，妹妹常常过来凑热闹，谁辅导哥哥就找谁，读书啊、玩啊、做手工啊。比较好的说法是："妹妹，等的时间长了肯定会不愉快，可现在是辅导哥哥的时间，他需要我们的帮助，必须先解决他的问题。你可以自己先看书，或者你问问爸爸是不是可以暂停他的工作和你一起读书？"

关于妹妹还有一个常见的问题需要讨论："想要"vs"需要"。最明显的例子是，早餐"需要"吃饱，而不是"我不想吃了"。比这再升级的问题是，"妈妈，我想要你读书给我听"、"我只想让妈妈喂我"，而妈妈此时正忙得手忙脚乱呢。这个问题我也曾经纠结过，因为我们鼓励孩子们说出自己的需求，大胆地说出"我想这样"、"我想那样"，可是这个问题看起来没那么简单，最起码孩子们的理解会受到年龄的限制。"哎呀，妹妹你是吃饱了不需要吃了呢？还是没吃饱，只是不愿意吃了？"不怕麻烦地理清妹妹"想要"的具体含义，一次两次根本不起作用，类似这种委婉地询问妹妹的说法有半年时间。好在，她会另外一种说法了："爸爸，亲爱的垃圾桶，您能吃我的剩饭吗？"——这就表明她是"不想吃"了。

妹妹"想要"的其他事情，我们也通过拒绝来影响她。比如，妹妹已经知道作为小学生，做作业是最需要优先保证的事。"我现在就想要玩大富翁"慢慢地变成"哥哥，你写完作业能和我玩大富翁吗？"

尊重孩子的个性

情绪管理靠谁？还得是孩子们自己。

为此，强化俩宝的"自我"，加强自尊心，发展各自的兴趣爱好，并在父母的帮助下将兴趣爱好发展成自己的特色，尊重各自处理情绪的不同方式，对于儿童的自我发展非常重要。

我和妻子曾经就孩子们听MP3有过一次讨论。妹妹在生病期间一直听"小鲁讲历史"，我们发现她对感兴趣的部分反复地听，甚至有的能听上个八九遍。妈妈认为她是在强化认知，通过反复听来记忆。哥哥属于细水长流型，"听故事都要细水长流？"看我不解，妻子做了解释，儿子跟她说过："我舍不得都听完，每天听一段，能听好长时间呢。"听这么一说，我顿生惭愧之念，我看书、追剧什么的，都恨不得一次性看完。不曾想，我的儿子却是位能忍住的"狠角色"。

这种不同，后来在很多的场合中都能发现。比如，妹妹的口语老师是哥哥的阅读老师，哥哥的口语老师是妹妹的阅读老师。偶尔她们也调课，有次不知什么原因，我们讨论起既然都能教两门课为何不让一个人教。就做了一个比较，妹妹对两位老师分别发表了感想，而哥哥就一句："都挺好的啊。"这种都好的说法一开始哥哥说的时候，我们总是要追问下去："二选一，到底哪个好啊，总得有不一样的地方吧？"可是后来哥哥一以贯之地不做比较，我们也尊重了他的这种表达。我想这个不仅仅是他在家庭中的表达，更是他在学校中、社会中的惯常表达，可能会被说成没有个性，但是这样的一种坚持不也是个性吗？就像他名字里的"中"一样！这是儿子独特的个人特色，实为难得。

儿子就是这样，我们就爱他这样。

妹妹和哥哥不同，既是她的天性，也因为我们更多的包容，这些都构成了她的个性，我们也爱这样的女儿。

"这样"就是儿童的本真，就是我们要尊重的童心。

不做比较

诚然，我们经常会谈到自己孩子的个性特点，只强调一个特质而忽视或者根本没有关注到孩子的其他特点，对孩子都是个打击。每一个孩子来到人世间都有着自己独一无二的使命，他们会成长为他们想要的样子，让自己亮起来，闪着光辉，照耀自己和他人。

不轻易在俩宝之间做比较。说起来容易，做起来难啊。毕竟生活在一起，我们已经很注意尽量不去比较了，大宝也能够不去跟二宝比，可二宝确实是天生来跟大宝比较的。用小姨的话说："妹妹是二宝中的'战斗机'！什么都要比一比。"我觉得这也是阶段性的吧，上了小学后，我更多地看到一个跟自己比的妹妹。不过，妻子跟我谈到，妹妹在一个集体中，总能找到一个比较对象来竞争和学习，我很惊讶这样的发现，妻子一一列举完毕后，我发现确实如此。

最近的一次钢琴考级中，妹妹遭遇了"滑铁卢"，伤心得不行。根据平常的学习和练习的表现，他们的共同老师都认为哥哥考不过，而妹妹肯定没有问题的，结果恰恰相反。但是，妹妹对自己有期望，并在平常为这个期望付出了努力，依然值得肯定和鼓励。

哥哥读中学后，参加了学校的演剧社团，参加了《四世同堂》的排练和演出，非常积极认真。演出那天，妹妹和我们坐在台下观看，她认为哥哥演得非常好："以前都是我在台上演出，哥哥在台下观看。没想到我第一次坐在台下看哥哥在台上，就这么棒。"尽管妹妹的舞蹈、相声、扬琴、京剧表演和哥哥的剧目没有艺术的可比性，妹妹从"台上台下"这个角度还能自我比较一番，而且为哥哥点赞，还是让我有点儿感慨。

他们同为小学生的时候，偶尔相互间会做比较。我们不去比较，我们的重点任务既得维护妹妹的自尊和信心，又得赞赏和鼓励哥哥的努力和成果。我们认为，信心和自尊是能帮助俩宝拥有积极向上的自我价值感受。有研究表明，来自父母的任何轻视和敌意，以及来自手足的恶意嫉妒，比学校和社会带给孩子的自信自尊上的打击影响更大。能够抵消这个负能量的就是建立在安全感和全面接受基础上的和谐的亲子关系。不仅是抵消负面影响，更能够发展孩子将来积极争取成功的心理特质，促进孩子潜能的发展。西方的相关研究这样认为：孩子必须发展自我价值观，但父母必须教导他们对他人要保有敏锐的心，同时也要能体谅他人。换成我们的话来说，好像就是"己所不欲，勿施于人"。

关于偏爱

我可以很负责地表态：我没有偏爱大宝或者二宝。我对女儿和儿子是有两套系统的：爱他们完全一样。所谓不一样之处是因为"穷养儿富养女"、"一碗水端平"的传统说法被我创造性地改变并应用。

爱肯定一样，行为倒真有可能偏。俩宝本来大不一样，儿子女儿大不一样，我们自身的条件（育儿经验、家庭经济状况等）大不一样，我们对待他们肯定会有不一样的地方。正视这个不同，没什么大不了，这是好事——因为我们注意到了俩宝的差异性，我们只要合理地对待和满足他们的不同需求就好。

孩子们没有对我们的"偏心"有什么意见，这点我们要感谢大宝。他是那种不会看重我们是否偏爱妹妹的哥哥，对于我们因为经验不足以及因妹妹小而迁就她的有些做法视而不见。尽管他偶尔也会有故意吸引我们注意力的言行，但从没有因此特别地沮丧及自我压抑。不过，他也会坚持在他已经长大的时候，还要得到和妹妹一样的平等待遇——晚安亲亲、轮流跟妈妈一起睡觉……我们也会有意无意地强调那个特定的独生子女时期："只有哥哥和我们呢。"比如，妹妹发现一个跟方便面一个品牌的面馆，很是惊奇，我说："哥哥小时候和我们去吃过呢。"而哥哥说："说不定妹妹那时候很小，记不住，好像有一次，外婆带我们俩去的……"

我问妻子，有没有对俩宝中的谁有特别喜欢的时候？或者同一个人不同的阶段也有不同的态度？她笑而不答。

我有个观点，父母对于子女的不均衡是动态的，在我回答一个家长关于考分和兴趣爱好之间的纠结时，我这样回答："纠结比明白更好。"倾向考分了，就抓紧，多看教辅多做练习；倾向爱好了，就放松放松看电影打球看小说——这相当于两个好妈妈，效果上胜过两个好老师。同样，如果父母对于某个孩子偏心了，再纠偏，再调整，在一个较长的时间段里，总量是平衡的，孩子也不会觉得有什么不公平，说不定自己慢慢琢磨出规律来了……我们的目标是用足够的爱来陪伴子女成长。

有没有因为其中一个孩子长得特别像自己而无时无刻地怜爱着他？有没有因为其中一个孩子学业特别突出而更加关注他？有没有因为其中一个孩子弱不禁风而时刻担心他？

你有没有这样的问题呢？

偏爱在过去多子女的家庭中屡见不鲜。而有俩宝的家庭，就我的观察来看，好了不少。受到关爱较少的孩子会有强烈的不安全感，会把因为父母导致的不公平看成是手足带来的问题，发展成怨恨心，从而做出破坏性、侵略性的行为，目的是表达内心的不平、挫折感。这样的敌意和冲突是真正的战争，说不定会给兄弟姐妹带来伤害。

其实孩子们也是能看出父母给予孩子的是不同的爱、喜欢、关注、关怀。爸爸妈妈如果能自己顿悟最好不过，这样就可以给孩子一个弥补——以公开坦诚之心告诉他你的所思所想，取得孩子的谅解，让孩子给自己一个机会。这样的想法和做法，相当不容易。可是，改变不正是对自己的否定吗？然后才可以做到真正平等地对待每一个孩子。

前面我说过，我们在阅读等一些特定的学习领域是以哥哥为主，这样的"偏爱"在妹妹中班的时候被她正式警告了："该给我一个人讲故事了！"后来我们就形成了在亲子阅读中，可以各自选书，可以各自选爸爸或者选妈妈单独共读的新规。

在有俩宝的四人家庭组合中，同性别的兄弟和姐妹更容易出现"偏心"问题。举个例子，弟弟总是要穿哥哥的旧衣服，妹妹的发型比姐姐的好看……兄妹和姐弟会有更多的差异性，也就减少了一些"硬性"偏爱的机会。

我会经常冒出一些有趣的想法，最近觉得我儿子穿衣服好帅啊！为此会查找过去的很多照片，找出很多证据来证明我的想法。

前两天我发现女儿真是个特别爱笑的丫头，也如此这般翻箱倒柜地寻找证明。于是，我就会有很多的机会来重新审视俩宝的成长，看到他们一步一步地长大，而早忘记他们"七岁八岁狗都嫌"的样子。这不是在刷好感，我觉得这是一个小小的有趣的策略，越来越多地记住孩子成长中各种可爱的地方，给我们各种温馨美满的回忆，看到他们各自成长中的努力，也由衷地为他们感到高兴。

另一种不公平：对俩宝完全一样

偏心或许是家有俩宝的父母最刻意不为之的行为了。

因偏心引发的不公平成了大家都反对的"家庭暴力"。

但我担心会引发另外的"不公平"。

这种"不公平"反倒贴着"公平"的标签——对俩宝完全一样。要我看来，这完全是愚蠢和懒惰的做法。每个孩子各有不同，我们要发现和认同他们之间的个性差异，他们对爱的不同需要，他们各自发展成的不同能力……最底层的爱当然一样，更大的挑战是根据他们的不同以适应他们的方式爱他们。

这么说来，我们可以"不公平"地对待大宝和二宝了吗？

确实。

尊重俩宝的区别，比公平对待他俩更加公平。

我们常常会诧异同样的家庭环境中双胞胎的各自不同，更别说大宝和二宝的不同，以及同性别的兄弟姐妹之间的个性的明显差异。同样练习钢琴同时考级会有不同结果；二宝学步，虽然步伐不大，但是稳健度已经比肩大宝，幸亏大宝后来参加了足球队，在球队训练两年后才能跑得很像样；大宝已经会逗笑了，二宝说话还总是正儿八经，可偏偏二宝还参加了学校的相声班；二宝被称为"战斗机"，大宝却一副谦谦君子的模样……

随着孩子的成长，以前可以忽略不计的俩宝之间的差异也越来越明显。这些不同当然不是突发的，而是随着幼年的些许不同发展而来的。特别是二宝，爸爸妈妈经历了大宝的经验后给予二宝更多的空间，这些给予也成了二宝发展个性的机遇。二宝慢慢长大也不再跟小宝宝那样甘当"跟屁虫"，会不断寻求个性，争取自己的个人空间，就像一棵本来在大树下成长的树苗，尽量地伸展。当哥哥放弃学习小号后，妹妹后来学习扬琴比哥哥用心和刻苦很多。哥哥曾经在日记里记载"妹妹一个下午都在弹扬琴"……前面说过，俩宝会一直处于"战争"之中，他们需要彼此互为参照物，定位和衡量自己的成就、地位，这样的战争不可避免，但却是基于安全基础上的战争。

父母当然也会做比较，我们会说："只要你比自己更进一步就好。"如果同样的事情是大宝和二宝同时参加，其实我们还是希望"看起来弱"的那一位能和另一位持平，能追上当然最好。大宝超过二宝，二宝超过大宝，新的比较再次产生，或许有螺旋式的循环上升式进步呢。

一定要注意的是，大宝或者二宝也会出现将自己身上的"不一样"当成"不行"，也就是跟对方比较，"我怎么就这么差呢！"我家二宝常常着急地将自己有兴趣但是还没有能力做的事情尝试一把，随着年龄越大，尤其是进入小学后（其实是在幼儿园大班的时候就有苗头），在超过自己能力的竞争中落败的次数越多。她是倔强的人，但我们还是常常能看出她的不愉快。尽管如此，我还是认为，这种状态算是积极的了——受到打击而不愿争取，因此而丧失信心，才是负面的情绪。

满足不同需求才是真的公平

季节变化，男孩女孩会有不同的表现。天气暖和了，女儿就想尽早穿上裙子，而儿子对短裤没什么期待，我们就不能两人一般处理，在表扬儿子春捂秋冻觉悟的同时，解决女儿提早穿裙子的保暖问题。儿子足球训练很累，有时候想要早点睡觉，而女儿还要读书、听故事，她还大声对哥哥抗议："这么早睡觉，违规啦，我们是 9 点半睡觉。"我们要怎样处理？肯定根据儿子的需要做出调整才是真正的公平，即使是家规也要让步。当然，我们可以跟女儿做些解释工作。

当大宝和二宝都需要的时候呢？

"妹妹，请你等一会再听我讲故事，现在哥哥那里更需要我。"

我们在平时就要主动发现俩宝不同的特质和能力，给予不同的赞赏，一方面可以强化孩子们的优点，另一方面可以让孩子们觉得他们的优点都能被我们看到，同样被重视。特别是二宝，更容易羡慕大宝的能力，在竞争的天性下更容易发展成嫉妒的情绪。好在大宝是儿子，我们会凸显他作为哥哥的特有的能力，有时候有意识地点明兄妹之间的年龄差距，目的是让妹妹觉得我们更看重她开始做的勇气和努力，而不是做的结果。

平常我们在育儿的时候就很注意不要给孩子贴标签，有俩宝的状况下更不要给二人做区分性的标签，特别是兄弟和姐妹组合更要注意，以免把孩子分等级，并容易固化孩子的类型。

回到公平的问题，在这里，我想用母亲常说的一句话"五根指头咬起来一般疼"，她老人家总是用这样的话来表明她对我们6个兄弟姐妹的公平。但实际上并不需要设定这样一个高标准。孩子们的生存需求（吃喝拉撒睡）基本相同，而高层次的需求会不同，这需要父母给予不同的满足。因人而异、因材施教，满足他们真正的需求才是真正的公平。

我还是很善于建立一对一的亲子关系，有时候还一举两得。比如带儿子去踢球，也把女儿带上。当儿子开始训练比赛了，我就带着女儿去逛附近的商场。

即使有两个孩子，亲子间仍然可以建立一对一的亲子关系，确切地说是分别建立，这是我们对俩宝的正面的关心和爱，把孩子各自的喜好放在心里，不时单独送出一些量身定制的特殊礼物，有助于加深孩子的兴趣，这种分别对待不仅可以帮助孩子形成各自的个性、发展不同的兴趣，而且这些不同会让俩宝之间更有黏性。

第五章 提升"战斗力"

榜样示范是我认为最为重要的家庭教育方法。多子女家庭会增加一些榜样——不仅仅是大宝会成为二宝的榜样,二宝的一些特质也会给大宝提供示范。

有一次妹妹跟哥哥的争吵中,妹妹连续问了3个为什么。言辞之犀利,把哥哥给问愣了。妻子后来跟我说:"瞅瞅,女儿完全有乃父风范。"其实我早已在反思了——我成了孩子要面对的一个"双面"家长:一方面希望儿女彬彬有礼、温文尔雅;一方面又疾言厉色地将自身的负能量传递给孩子。

榜样的作用

7岁以前,孩子的自我发展靠的就是模仿。孩子的大脑在快速发育中,空白处很多、吸收性很强、纯洁度很高、富于模仿性。他们无法对环境中遇到的一切进行辨析,会照单全收地刻进身、心、灵。看到好的举动无形之中就得到好的印象,反之就吸收坏的,"习于善则善,习于恶则恶。近朱者赤,近墨者黑"。

对孩子而言，家庭是最重要的成长环境，父母是儿童的榜样，儿童是父母的镜像。所谓早教，实质上就是父母每日在婴幼儿面前的一言一行。不经意间，父母的一举一动就已经开发、教育孩子了。

对于俩宝而言，大宝的榜样示范作用不可小觑。某种程度上，大宝是我们可以提供给二宝的榜样。这个榜样树立得好，二宝的教育也就成功一半了。

妹妹上学后，社会性一下子直追哥哥。他们俩曾经连着几个晚上谈论各自班级的同学、事情、老师，叽叽喳喳到半夜。妹妹的社会交往面较窄，哥哥的社交经验多，哥哥就会经常对妹妹提到的人、事发表看法、提供意见，听得妹妹一脸崇拜、两眼放光。

这样也就树立了可以相互学习的榜样！

俩宝会在各个领域展开竞争。2岁以后的孩子在自我觉醒的内在作用下，总觉得自己最大、最快、最高、最厉害、最聪明，他会跟一切小宝宝进行比较。甚至是根本没法放在一起比较的两个孩子也要进行比较，到了3岁后，经过了幼儿园集体生活的熏陶，每个孩子总是希望自己第一个被接走，第一个玩玩具、第一个去吃饭、第一个睡午觉、第一个醒来，连上厕所都要争成第一个！

我们应该让孩子早早明白，他们是最耀眼的那个星星，头戴着皇冠，但绝不是宇宙中的唯一！越早认识到，他们就少一些痛苦的体验。不过，外界的关于"第一"、关乎"成功"的评价力量强大无比，无时无刻不在，如果我们在家庭教育中是消弭"竞争"

的教育，而他们在家庭之外的更广阔的天地中接受着比较和竞争，这样的竞争不是俩宝之间的战争那样调子很高但内心平静，而是充满文明的野性，我们如何是好？

为此，我们同样要引导和培养他们自己的梦想，支持他们朝向这个梦想的任何努力，为他们的点滴进步而高呼，为他们遇到挫折而鼓励——为自己的梦想而活。

有一天，妹妹对妈妈说："我一定要改正错误的地方，如果我有这样或那样的缺点，将来我的孩子们就会跟我一样，我的缺点越少，我的孩子的优点就越多……"我听妻子跟我转述这些话的时候，眼睛是湿润的，内心是澎湃的——榜样示范是有效的，克服缺点是必要的！

赞美二宝的这个思路的同时我们自身要更加地注重身教。我和妻子各自有一些问题所在，比如，我会把书乱扔乱放，妻子会盘腿而坐——并非打坐，而是日常的坐姿。

我们还设计了一些表彰孩子的方法，比如，贴纸、家庭货币、收藏品、邀请小伙伴聚会……家有两个小学生，我越发注意到同伴社交的重要性。可惜的是，我们所居住的老式单元，面积狭小，无法满足孩子的需求。于是，我们通过兴趣班来弥补。比如，俩宝分别在两个运动场学习羽毛球，这样他们就有了可以探讨共同话题的两拨人马，可以多向沟通。让子女体验不同的生活方式，能够帮助他们接受更多的异同，更有机会发现和暴露异同，也更有机会让父母和孩子共同体验和学习到遇到麻烦、困难的处理方式。为此，我们3度搬家，通过改善和调整生活环境来让大家有新的发现、新的乐趣、新的挑战。同时，让孩子多与不同成长环境、不同价值观、不同生活方式、不同文化背景的同龄人接触，对他们有很大的帮助。

尊重是家庭教育的核心动力

夫妻之间的爱和相互尊重，奠定良好家庭教育的基础。然后，子女之间就在榜样示范下，学会了彼此尊重。

某天，我在接儿子放学后，同他聊天时候谈到我们这个家族自我挑战的故事。"话说你的爷爷的爷爷的爷爷的爷爷的挑战是从山东微山湖北来到了微山湖南，爷爷的自我挑战是从农村参加了部队后来落脚在舒适的海滨城市，爸爸的挑战是从舒适而熟悉的海滨城市出发，闯荡在各个大都市，并最后落脚在了北京……"儿子很感叹这种挑战，接着话头说："然后碰到我妈，然后才有我和妹妹。"

我的聊天是想告诉儿子，我尊重他的自由选择，不仅是将来，现在也是。孩子如果有让自己快乐的选择，即使不同于爸爸妈妈的做法，也可以尝试，没有必要定义好坏对错。

儿子最近就他在作文方面的"成就"很是满意，连续几次作文过关，都会当作 good news 跟我们说。喜爱阅读的孩子，一般认为会写好作文，可是三年级刚写作文时候经历过的"不合格"、"重写"、"抄作文"的挫折对他影响很大，一度使他对作文心生厌烦。我们一直以鼓励为主,虽然我研发了绘本阅读与写作的课程,但是从来没有在儿子这里实验,我相信他有自己的思路。要是孩子很高兴,甚至很骄傲地跟你谈起"成就"的时候,我们一定要分享和庆祝他的喜悦。我做了件被妻子批评的事:"嗨,你这个爸爸居然请孩子喝酒。""儿子,你的作文最近写得真好,你一定很高兴吧?你的快乐都感染了我,来,我们喝一杯。"我清晰地看到,儿子很投入、很享受我的话和那杯鸡尾酒饮料。哥哥较妹妹更能考虑他人的感受,而我们这样的表达可以帮助到他:"嗨,儿子,你的喜悦我们都能感受得到!"

后来,儿子的写作保留了富有想象力、文笔流畅的特点,只是缺少作文的套路。到了中学,写作多了,他的作文也得到了认可。

我曾经设想等女儿也上了学,再实施诸如诵读、书法、写作等家庭学习,但是作为小学生有着跟教学严丝合缝的进度和节奏,甚至孩子本身还会有不同学业的敏感期——这不同于幼儿敏感期,更贴近孩子因外界需求而引发的内在兴趣。错过了,也就错过了。

于是,我现在有个观点,父母们请付出多一些的精力去引导孩子,熟悉孩子的学业进程,提前做些准备(大概提前一个学期的样子),帮助孩子做好迈出学业学习的第一步,帮助孩子在课堂学习之外,尽快熟悉起步期的学习内容,获得信心,进而激发兴趣。了解自己孩子的特性,施加自己能做到的影响,不必面面俱到,不必事事领先,只要牵着孩子的手往前迈出一小步,打开一扇窗，就像放鱼归海，孩子自会走出一条康庄大道来。

我们不必担心会不会因此过早地限制了孩子，就像到目前为止，我家的俩宝已经明显地流露出了对文科的热爱，但我一点儿不为此担心，一来热爱人文学科对个人气质的成长大有裨益，二来现阶段小学的理科教学以数学和科学为代表，而两个孩子都对数学和科学有着浓厚的兴趣，科学课是他俩排名靠前并喜爱的课程。我们现在正逐步调整他们的阅读品种和游学路线，希望在进入中学后，在课堂学习的牵引下，加深他们对于理科的兴趣。

鼓励孩子的小方法，除了赞扬孩子很棒外，我们还有很多行动可以激励孩子。孩子喜欢画画，夸赞当然会起作用，把画作挂在墙上，为孩子们举办小小画展会让他们感觉更好，要是在微店里为孩子的画举办义卖来资助家乡的穷困孩子则更有意义。

阅读是我们一家人的兴趣，我们也经常通过阅读的不同方式传递我们的爱。我们一家的共读"事迹"还被CCTV拍了专题片。行动给儿女留下了深刻的印象，他们很小也跟我们出去讲故事，捐书。2015年，我们全家还有一个更重大的举措，捐助了5个小学班级的阅读书籍，从一年级一直到六年级，每年提供不少于66本的优质童书。并每个学期选出4本班级共读书，提供5本以上的复本，我来编撰阅读手册，指导孩子们阅读。俩宝都很积极认真地做推荐书目、帮助整理、做表格等工作。

这样的行动会让自己快乐，也会得到合适的赞扬。

因合适的赞赏而被激发潜能的孩子，能更加认同自己的特质，强化之余能学会尊重彼此的异同：我们各有各的强项，各领风骚，而不必盯着手足一味比较和竞争。这样良性循环的好处是能增加孩子的容忍能力。

说到容忍能力，这是关乎社会文明、个人素质的重要能力，可惜的是，很多人缺乏这方面的能力，接受不了差异，不会倾听和赞赏不同的观点，很难接受在自己标准衡量下"不够格"的人和事。我家大宝有着较强的容忍力，这一度被我理解为隐藏自己的感受，不愿得罪人的"中庸之道"，实际上，这是值得家里其他三人学习的地方。与之相比，对待他人的意见不置可否，"都行"、"随便"，实则内心不是接受而是反对，是容忍能力较低的表现。父母对于俩宝不同的作息习惯、饮食、兴趣、说话声音的高低等的不同，是否愿意接受并尊重呢？

最近跟女儿聊得较多的话题是一个老命题——"失败是成功之母"，女儿天生比儿子更追求成功。儿子读完了厚厚一本《安妮日记》，女儿还没读完一本改编本《三国演义》，就很着急："我怎么还没读完呢？怎么没哥哥读得快呢？"妈妈就跟她聊哥哥一年级都读的啥，好在我们有证据——女儿二年级写的前一年看过的书的书单。以己之短比人之长，然后患得患失于自己的失败是完全没必要的。每个人都可以用自己适合的方式、速度做着同样的事，有的事情可以做得一样的好，有的事情各有各的好，有的事情未必都能做好。

　　提醒父母们注意的是，我们关注俩宝的不同，但没必要在同一件事上请有优势的人去做另一人的老师。我们是经常鼓励二宝有问题去寻求大宝的帮助，主要是希望俩宝都能知晓，没有谁是万能的，有了困惑除了自己思考之外，求助他人也是个便捷的方式。这样的求助和协助，可以为他们搭建沟通的桥梁，也可构建共同的世界，相互了解和尊重对方的异同，但是我们不能想当然地认为，俩宝之间这样的长期的互相教导有利于彼此发展。

　　家庭教育中要给予孩子空间，尊重并接受孩子的不一样。这一点，俩宝的家庭似乎更有说服力：一个屋檐下的两个娃都那么的不同！我们家二宝被老师评价为很聪明，知道自己的需要，具有领导能力，愿意帮助他人，也愿意为集体出力；大宝得到的评价是善良、心眼好，理解关心别人的需求，知识面广，学习兴趣浓厚。他们都有着被集体认同的特质，但是又各有不同，他们也会衡量自己的表现，而不仅仅是与其他的同学比较，这样一来，就不太会产生严重的自卑感。

怎样跟俩宝沟通

　　在我的第一本书里，我用了很多笔墨来写我跟大宝的聊天，那时候我基本上想着如何跟这个男子汉倾囊相授，只要他还愿意听我唠叨。有了二宝后，我就开始犯嘀咕了，怎样同时跟大宝和二宝沟通呢？

在我推广儿童阅读的经验中，有一个"快一点"方法，就是当孩子提出阅读需求时，我们最好放下手中的事（当然关乎家国兴亡的除外），第一时间来满足孩子读书的小事。沟通也是如此，孩子们才不会"君子有三畏"，既不会察言观色，也不会有话憋着，更不会等我们忙完手中的大事小事，他们想跟我们说话，就找到我们来说。对于这样的需求，我们在第一时间响应为妙。否则，错过了他的思想和语言表达的节点，会形成"爸爸妈妈不愿意听我说"的心理暗示，当我们心存疑惑"孩子怎么不愿意跟我说话呢"的时候，已经晚矣。

有时候，确实时间紧迫，正在给二宝喂奶，大宝来哭诉；正要出门上班去，二宝要给你跳个舞……这个时候，我们要给孩子一个时间上的约定，并且为此抱歉："我很愿意听你说，可是我上班不这个时候出门就会迟到。等我回来一定听你说。"——这样的说法适合大孩子。对于处于安全敏感期的小宝宝来说，他对上班、迟到、时间都没有什么概念，他需要的就是你当下的反应，这个时候还是想好跟老板解释迟到的理由更合适。

要提醒的是，跟孩子的时间约定，不要用成人社会的模糊界定，比如"等一下"、"过一会"、"马上就"……对他们而言这些不具有什么意义，如果你再有前科，说过类似的话却没有兑现，孩子们会认为你在婉转地拒绝——其实什么是婉转他们也不了解，就只剩下赤裸裸地拒绝了。我们可以尝试着清晰准确地约定时间，我们家都是指着钟表说时间，"过一刻钟我们来聊聊"、"长针到了12的时候提醒我啊"……甚至我们专门买了沙漏，孩子们有时候会用手机上的定时装置来设定时间，不仅有趣好玩，且能督促我们遵守约定。

可惜的是，如同沙漏中的沙子，时光总是快速地溜走。二宝上了小学，虽然下午放学比幼儿园还早了2个小时，可是因身份的提升，比如从幼儿到小学生，从文盲到"知识分子"，二宝的时间像是被压缩了似的，变得紧张起来，幼儿园我接她回家的时候，经常是在公园里溜达，东看西瞧，现在是到了下午3点一放学立马接回家，即便没有布置很多作业，也总有预习复习、听写字词、做口算、听英语等各种学业，以及学校社团（社会实践、兴趣课）中的相声和扬琴练习，还有我们张罗着的阅读、手工、钢琴等活计，以及二宝为了赶超大宝也参加了几个小伙伴组团的羽毛球兴趣课……而这些都要在放学后到睡觉前的5个小时内完成，还包括孩子们磨磨蹭蹭、打打闹闹、吃吃喝喝、哭哭笑笑的时间！我们俩也为俩宝的这些安排忙碌地转个不停，如果有的爸爸妈妈在累得半死的休息时间段或者转场空隙，采取让自己放松的看看剧集、瞅瞅手机、发发微信等封闭方式，其实也就减少了孩子们和父母的轻松自如的交流机会，既不能传达我们对子女的关爱，也无法给孩子表达爱的机会。

行动：从学会倾听开始

比较多的家庭会把吃饭的时间当成家庭沟通的良机。可是，有些家庭的晚餐时刻，被用来听历史故事、成语故事，甚至是看新闻了。这些虽然是孩子们喜欢的事情，可是却无法实现沟通和表达的愿望。

写下这段文字，也是提醒自己要改变这种现状。

还有的家庭利用接送孩子的路上时光来进行交流。这一点是我一直赞赏的做法，也是我特别乐意就近入学的原因之一。俩宝在一个学校就读，离家有 1500 米，步行 22 分钟，我们可以说说学校里发生的有趣的事情，介绍一下某个同学，聊聊新闻，对看到的街景发表一下感想……可惜这样的时刻也没有保证：儿子参加了校足球队训练，每周最少三次训练到 5 点半以后，一来他累，二来还有作业要写，哪里有闲情逸致路上闲聊。我会选择骑车带他回来，或者坐公交车抓紧回家。

女孩子喜欢扎堆儿，二宝放学后喜欢跟同学一起玩、一起写作业……而这也为我们所乐见。

在家里，一方面我发挥自己规划强、善于营造仪式感的特点，隔天一次在家里组织一家人参与的桌游；每天规定一个 15 分钟的"爸爸时间"，在这个时间里，我和孩子们借由聊天、共读、写字、游戏等小把戏，跟孩子们共享家庭欢聚时刻。

当然，家人间的沟通和交流并不是总能事先计划的，我们要在孩子的学习间隙，找到合理的切入口。不过，这真的好难，我们时刻在促成孩子做"有用的事情"，哪有停下来的时间。

与俩宝共享欢乐，或者与其中一位单独相处，对于孩子们都具有积极作用。我们不能让孩子的声音被生活忙碌的脚步声、催促声给淹没了，更不能把"为孩子好"当成是自己忙碌也逼着孩子忙碌的理由。

所以，我们要创造出这样的时刻，可以借鉴我的"点滴教育"和"仪式教育"两大秘诀，根据俩宝的不同喜好、不同生活和学习习惯，在共同生活之余，创造各自的"秘密花园"。大宝和二宝在语言倾诉上本身就有男孩和女孩的不同本性：女孩爱表达，男孩相对不愿开口。有儿子的爸爸妈妈或许都有这样的体验：你越是想让男孩表达自己的感受，越会让他们浑身不自在，进而觉得尴尬，甚至于情绪低落——特别是另一个孩子很善于说话的时候。

俩宝就成了彼此的倾诉对象，需要学会互相倾听。

尊重个性不同，尊重各自的不同思路、不同方法，有助于让俩宝之间养成倾听彼此的习惯，开始倾听是了解的第一步。我们的方法是告知孩子，几个人在一起说话也是一个游戏，像玩积木一样，需要轮流才行。谁正在"说话"，另外的人则就要等待；等待的时候不能离开，得竖起耳朵来"听话"，得看着"说话"的那个人，等他说完，就该轮到自己"说话"了。看起来好像简单，但是对于孩子却十分困难。我们鼓励孩子说话，而幼儿还没有自控能力，总会迫不及待地把自己的"话"抢着说出来。在父母鼓励孩子"说话"的氛围里，大宝因为一直习惯于独生子率先表达的特权，更容易先讲、大声讲、长时间地讲。二宝是过了2岁开始争夺话语权的，但是显然不如大宝利索。几乎是同时，二宝也有了和我们一起游戏的能力，我们就顺势将轮流的理念灌输给了她。可是小小年纪，哪里能一上来就说清楚，在我的记忆中充满了二宝"该我说了，该我说了"的开场白。后来是由于二宝的追赶，加上女生的所谓"早熟"的说法，才使他们话语权一直处于均衡的状态。

要注意的是，父母先学会倾听孩子的说话。不要以为孩子说的事情，你能很快明白，就不让孩子说完。不仅不能这样，而且要仔细认真地听完后，将孩子的话给复述一遍，这样更能帮助孩子养成倾听的习惯，并且能够改善表达。

还可以尝试着录下孩子们争抢发言权的实况，事后播放给孩子听。要他们明白，大家同时说话，特别是嚷嚷时，听不清别人的话，自然自己的话别人也听不到。

曾经我对大宝班主任说他"很会说"有点儿吃惊，主要源于我对大宝的一些刻板印象。后来想想也对，亲子间的聊天沟通，孩子们会做出最合适的判断，知道哪些是不带有"评价"、"判断"、"质疑"、"批评"的问题。而我们在发生一些事件后再正经地询问他们，孩子们会做出自我保护的反应。沉默是一种很好的表现，"不知道"也是不错的表达。有的孩子说不好会哇哇大哭起来，扰乱你的心智，让你先尴尬或者先气愤起来。更进一步的话，能让你怒火中烧，方寸大乱，失去了一开始想明辨是非、帮助孩子的美好心愿。

鼓励孩子沟通和表达，可以试一试"鹦鹉学舌法"，举例如下：

爸爸："妹妹在哭啊"

大宝："我打了她"

爸爸："你打了妹妹？"

大宝："对，我太生气了，我都道歉了，她还是打我！"

爸爸："你道歉了？"

大宝："是啊，我不小心碰到了她的头。"

爸爸："你碰到了她的头？"

大宝："我不是故意的，我道歉了，她还是打我……"

这是入门级的学舌法，我们就重复孩子说过的话，孩子们觉得我们听到了他们的话，他们会愿意说下去。

高级点的学舌法，是要从孩子的话中发现重点，并将整个重点重复。这样的效果很明显，给孩子逻辑性的示范，帮助孩子回看自己的行为，也帮助孩子们发现问题所在。

二宝："哥哥不让我玩魔方。自己不玩也不让我玩。"

爸爸："这是你不高兴的原因喽，哥哥不让你玩他的魔方。"

大宝："那你也不能抢啊。"

二宝："我讨厌你！你以后也不要玩我的东西。"

大宝："你越抢，我就越不给你玩。"

爸爸："哥哥觉得你抢魔方，好像不尊重他。但是，妹妹是在等哥哥不玩了，跟哥哥商量让她玩一会，你又不给，看起来她好像很失望，然后有点儿伤心。"

说到这里，两个孩子的问题都学舌到了，我们可以确定地清晰地说出双方的感受，以及引发这样感受的明显原因，但也没必要给孩子明确的解决问题的指示，给他们留下建设性的建议和讨论的空间。

"鹦鹉学舌法"通过重复孩子自己说的话来发现问题，非常客观，并且不会给孩子不公平的感受。

俩宝为了在争议中占据高地，给出的回答往往和你期待的大有不同，家长要更有耐心，按照轮流的规则，分别听他们单独诉说。在轮流发言时候，要注意到孩子们不同的肢体语言。我们称之为态势语言，包括神态、体态、眼神、手势、声调变化等。有时候我们发现，争论中较委屈的一方，肢体语言更加丰富。我们可以得到更多的信息，有助于我们的判断。但我们不能把判断的依据轻易地让孩子知道，以免他们较早地不自然地使用态势语言，不仅仅是态势上的不自然，而且成了违背身心真正反应的表演。

鼓励俩宝勇于表达自己的观点，可以利用我在绘本教学中发明的"串珠法"：抛出一个问题给第一个孩子，请这个孩子给出反应和反馈，老师或家长复述这个回答后（鹦鹉学舌后），抛给其他孩子，寻求赞同或反对。赞同者可以补充，反对者则要说出理由。

这个方法在家中使用，也有效果。其实在家庭会议中也常有类似情景。我们家里，涉及假期安排、看什么电影、到哪爬山等的家庭事务，都会召开家庭会议，大家各抒己见，孩子们也渐渐明白，家庭是个团体，一件涉及家庭每个成员的事都需要讨论后决定，需要彼此之间的支持。除了家庭会议，我们还有家庭读书会、周末电影院等聚会活动，可以用来分头询问俩宝的看法。"哥哥好像被这部电影深深地打动了。说说看，哪些地方特别打动你？""妹妹，哥哥说那个情景特别感人。你觉得呢？"

在绘本阅读的方法论中，我经常会从答案入手设计问题，这样的目的是降低子女参与讨论的门槛，让他们慢慢熟悉和适应类似的交流方式。一旦成为习惯，孩子会觉得自己很容易开口，很容易各自谈论不同观点，很容易补充别人的观点，即使是反对也能说出相对充分的理由。

这对于解决俩宝之间的语言"战争"作用巨大。

前面说到了态势语言，我们要注意其中的杂音——会不会认为"有理就得声高"，因而出现"为了有理，我就得大声"的消极方法。在家庭教育的各种"传染病"（榜样示范）中，厉声斥责和大声嚷嚷非常容易被孩子们吸收消化，并加以活学活用。

我要检讨的是，在我当爸爸的第三年到第六年，我常常出现厉声斥责的状况。当时，有点儿追求父亲的权威——其实是威势（要说明的是我觉得家庭需要权威），会出现不耐烦的状况，通过提高声音的音高、音速，达到吓阻孩子们的目的。因而，孩子会自发地在出现类似情景时候，大声叫嚷起来。后来我"改邪归正"了，我发现有更好的方式，并尝试着告诉孩子们我在那些事件发生时的感受，而不是用男高音的方式。我们不妨把这个过程跟孩子分享，"哥哥，我知道你生妹妹的气了，而且已经忍了，实在忍不住了，才嚷嚷的。可是，你有没有告诉妹妹，你生气了？当她知道这样做会让你生气，这样她才会注意到。"

好在我的态度很坚决，树立权威的多数场合和事件也立得住，孩子们也建立了我所期望的那种模式：老爸说"No"的时候，那是真的不行！好处是很容易建立界限，坏处是"好爸爸"常变味成了"坏爸爸"。

我们还可以采取一致行动的方法，帮助彼此沟通。一般而言，二宝的"跟屁虫"习性会一直持续到青春期。我们会"擒贼先擒王"，在俩宝"战争"端倪初现以及"战争"后的冷战期，拉着大宝做他肯定喜欢而二宝也可能喜欢的好玩的事，特别是需要多人参与的事，比如，桌游。不同时期他们也有喜欢的不同游戏，"小猫钓鱼"、"大富翁"、"乐高"、"电子积木"、"猴子翻斗乐"、"只言片语"等都充当过这样的大任。有时候这些是俩宝都喜欢的事，可以快速破冰，重建彼此间的沟通，而且轻松自在不尴尬。

难度系数更高的是如何将我们的关注点客观地描述给孩子们，而不是让孩子们纠结于"表面文章"。这么说，估计读者您也会纠结，不妨举个例子。

正在写文章的我，被孩子们的闹腾声折腾得头皮发麻、手脚发抖，虽说是电脑打字，却也错字连连。于是，我会走过去说："你们为何制造这么多噪音！"或者"不要制造噪音！"或者"太吵了！"都符合那个"一慢"的语气。因而大宝也学得很像，在他不愿忍受的情况下，他会同样大喝一声"不给！"但是，这样的表达显然是不愿意沟通的方式，而且是不愿意接受儿女们正在享受的吵闹带来的欢乐。我们要做的一些微改变是这样的："孩子们，爸爸正在写作，需要安静。"要是早点给儿女们这样的示范的话，说不定儿子类似的情况会从"不给！"变为"魔方是我的，你可以在我不玩的时候玩。"

清晰的、直接的、指向性的沟通，比模糊的、间接的、指令性的沟通更能表达我们对事件的感受，以及如何处理的方向，而且不会让彼此尴尬和紧张，让人只想着自我保护，为了自我保护而采取逃避的、推卸的、转移话题的沟通，反倒让事件更加复杂和偏离航道。

和平与"战争"的间歇

我发现自从二宝上了小学,虽然他俩的争斗多了起来,但是他们的关系也有了突飞猛进的发展,变得更加和谐亲密。我一直设想,他俩的年龄差,加上性别差,加上大宝被二宝拖后腿,算起来他们会同时进入青春期。这对他俩会是个好事情。前提是他们之间有足够的亲密和信任。我和妻子开玩笑地说,"大宝的朋友应该具备一定的素质,说不定给二宝提供不错的恋爱人选呢。"

大宝上了中学,我们换了大房子,他俩各居一室,算是我一直思考的"兄妹组合以及姐弟组合何时不再共享空间为好"问题的答案。我们家里的性别教育做得还不错,这个主要是妻子经常给女儿做一些私下的沟通,而我也会通过阅读给两个孩子准确的、科学的性别知识,也为他们准备了青春期知识的书籍。我们也不在孩子面前有过分亲昵的行为,不仅仅避免尴尬,更重要的是,让孩子们知晓家庭中适当的行为。

随着年龄的增长,居住条件的改善,俩宝"时空同一"走向不可逆的"分离",这是成长的标志,也是手足关系走向新阶段的美好开始。

鉴于我家俩宝的"年轻和幼稚",他们已经度过了人生第一个七年的无数个"战斗",俩人合在一起的破坏力勉强打成了平局,青春期前后会有新的"大战"等着我们,会不会还是一片祥和?

我们都很期待。

附录

为美丽的童年选美好的书

总有人说,阅读是私人的事情,不要硬性给孩子书单。但是别忘了,阅读既是私人的事,也是公共的,也是职业的,也是受教育时大量的共读和必读。而在私人享受阅读之前,还要学会阅读,学会选书。

不妨就从这一份慢书单开始。

这份书单总数200本,其中图画书90本,且做了分龄:0-2岁37本;3-6岁53本。为鼓励5-7岁的孩童独立阅读而推荐的图文各半的"桥梁书"20本。在阅读能力发展迅猛、阅读量大增的小学阶段,可以多读以文字为主的儿童读物,包括文学读物和知识读物,共推荐了69本。

书单基本上是一年12本的设想——每个月为孩子添置一本书,还不足以"点缀"儿童的书房。但这些基础书目,一年共读下来,父母也就学会了如何选书,最重要的是,选对适合自己孩子的好书,用更多美好的童书装满孩子的书架。家庭拥有足够的书,孩子会有兴趣,有助于养成良好的阅读习惯。

另外推荐了供父母阅读的用以支撑家庭教育的观念、行动所需要的育儿书21本。我常说最重要的家庭教育方法有两条:榜样示范和亲子共读。二者结合起来的话,家有藏书又爱看书的家庭,更容易培养一位书虫,将来极有可能成为终身阅读者。

就从为孩子选对书开始,为美丽的童年选美好的童书。

0—2岁

1. 感官发展
- 《小宝宝视觉激发床挂书：动物》
- 《视觉刺激触摸绘本：黑色的夜晚》
- 《吱吱，吱吱在那里？》
- 《诺瑞捉迷藏》
- 《小猴的肚皮好光滑》
- 《咔嚓咔嚓齿轮书》
- 《叮叮咚咚，来唱歌》

2. 语言发展
- 《猜猜谁在叫》
- 《中国传统文化童谣：花衣裳》
- 《牛来了》
- 《喂~哎~》
- 《耗子大爷在家吗？》
- 《叽咯叽咯蹦蹦》
- 《叽叽叽，是谁呀？》
- 《奇妙的洞洞书系列：马戏团》

3. 动作发展
- 《小手指的节日》
- 《百变小手指》
- 《镜子转转转》
- 《洞咚动！》

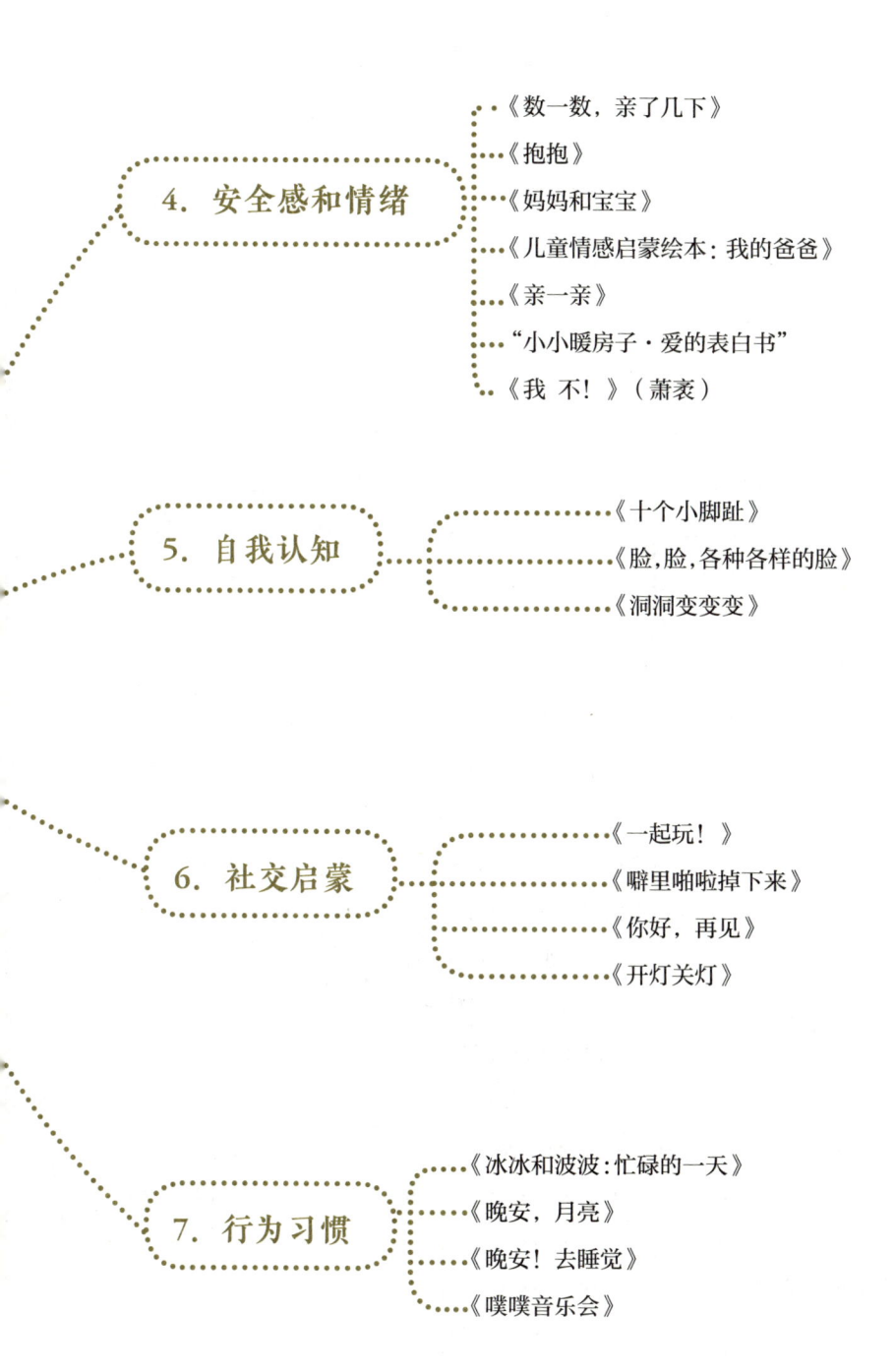

- 4. 安全感和情绪
  - 《数一数,亲了几下》
  - 《抱抱》
  - 《妈妈和宝宝》
  - 《儿童情感启蒙绘本:我的爸爸》
  - 《亲一亲》
  - "小小暖房子·爱的表白书"
  - 《我 不!》(萧袤)

- 5. 自我认知
  - 《十个小脚趾》
  - 《脸,脸,各种各样的脸》
  - 《洞洞变变变》

- 6. 社交启蒙
  - 《一起玩!》
  - 《噼里啪啦掉下来》
  - 《你好,再见》
  - 《开灯关灯》

- 7. 行为习惯
  - 《冰冰和波波:忙碌的一天》
  - 《晚安,月亮》
  - 《晚安!去睡觉》
  - 《噗噗音乐会》

1. 身心发展

- 《温馨家庭图画书：我》
- 《当爸爸说爱你》
- 《讨厌的青蛙》
- 《走开，绿色大怪物！》
- 《爱的小秘密》
- 《圆形》
- 《天亮了吗》
- 《搞定老爸的十个绝招》
- 《小猪变形记》
- 《大暴雪》

2. 行为习惯

- 《我的神奇马桶》
- 《午睡时间》
- 《公主怎么挖鼻屎》
- 《吃掉你的豌豆》
- 《哎呀，好臭！》
- 《换新床》
- 《杰克的担心》
- 《怕浪费婆婆》

3. 社会性发展

- 《屎壳郎的生日礼物》
- 《快乐的一天》
- 《萝卜回来了》
- 《我的！我的！》
- 《我的大喊大叫的一天！》
- 《大猫，小猫》
- 《小鸡布莱兹和蛋糕城堡》
- 《一定要赶到大熊家！》
- 《一口袋的吻》

4. 科学探究

- 《亲爱的动物园》
- 《是谁嗯嗯在我头上》
- 《两只老鼠历险记》
- 《出租时间的熊爷爷》
- 《一家人》
- 《大个子叔叔的野兽岛》

3—6岁

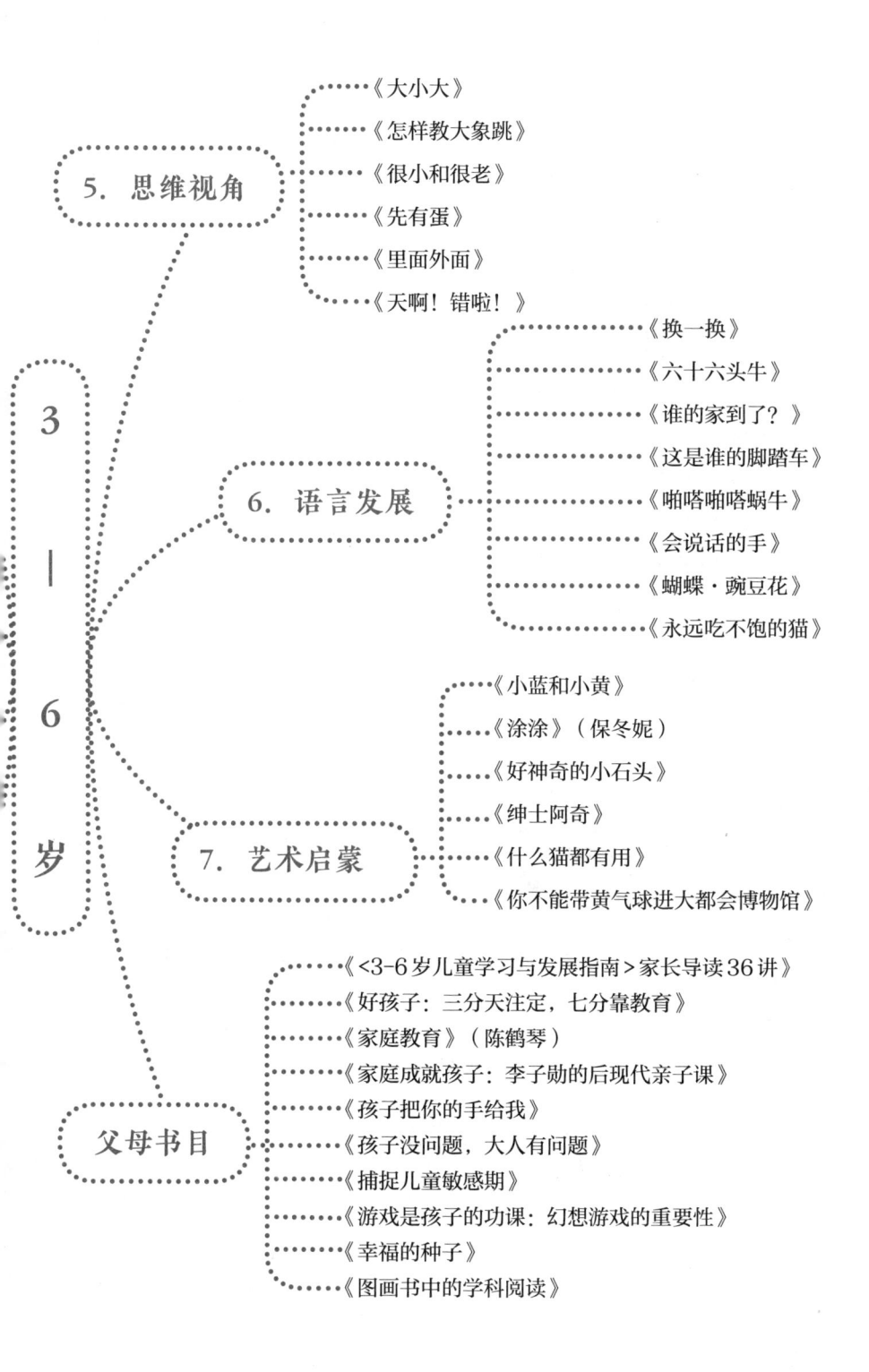

- **5. 思维视角**
  - 《大小大》
  - 《怎样教大象跳》
  - 《很小和很老》
  - 《先有蛋》
  - 《里面外面》
  - 《天啊！错啦！》

- **6. 语言发展**
  - 《换一换》
  - 《六十六头牛》
  - 《谁的家到了？》
  - 《这是谁的脚踏车》
  - 《啪嗒啪嗒蜗牛》
  - 《会说话的手》
  - 《蝴蝶·豌豆花》
  - 《永远吃不饱的猫》

- **7. 艺术启蒙**
  - 《小蓝和小黄》
  - 《涂涂》（保冬妮）
  - 《好神奇的小石头》
  - 《绅士阿奇》
  - 《什么猫都有用》
  - 《你不能带黄气球进大都会博物馆》

- **父母书目**
  - 《<3-6岁儿童学习与发展指南>家长导读36讲》
  - 《好孩子：三分天注定，七分靠教育》
  - 《家庭教育》（陈鹤琴）
  - 《家庭成就孩子：李子勋的后现代亲子课》
  - 《孩子把你的手给我》
  - 《孩子没问题，大人有问题》
  - 《捕捉儿童敏感期》
  - 《游戏是孩子的功课：幻想游戏的重要性》
  - 《幸福的种子》
  - 《图画书中的学科阅读》

附录 179

5—7岁 桥梁书

1. 文学
- 《游侠小木客（全2册）》
- "故宫御猫夜游记系列"
- 《书虫和他的书》
- 《我把爸爸养在鱼缸里》
- 《红鞋子》
- 《谁偷走了我的时间呢》
- 《和爸爸一起逃学》
- "企鹅机动队系列"
- 《渴望被发现的秘密》
- 《遇见奥兹》
- 《一百条裙子》
- "大盗贼系列"

2. 知识
- "字的童话系列"
- "神奇树屋系列"
- "幻想数学大战系列"
- 《去野外》
- "中国传统节日故事"（贵州人民出版社）
- "富兰克林极地远征三部曲"

3. 审美
- "小伙伴带你走进大画家系列"
- "我的音乐启蒙第一课系列"

附录 181

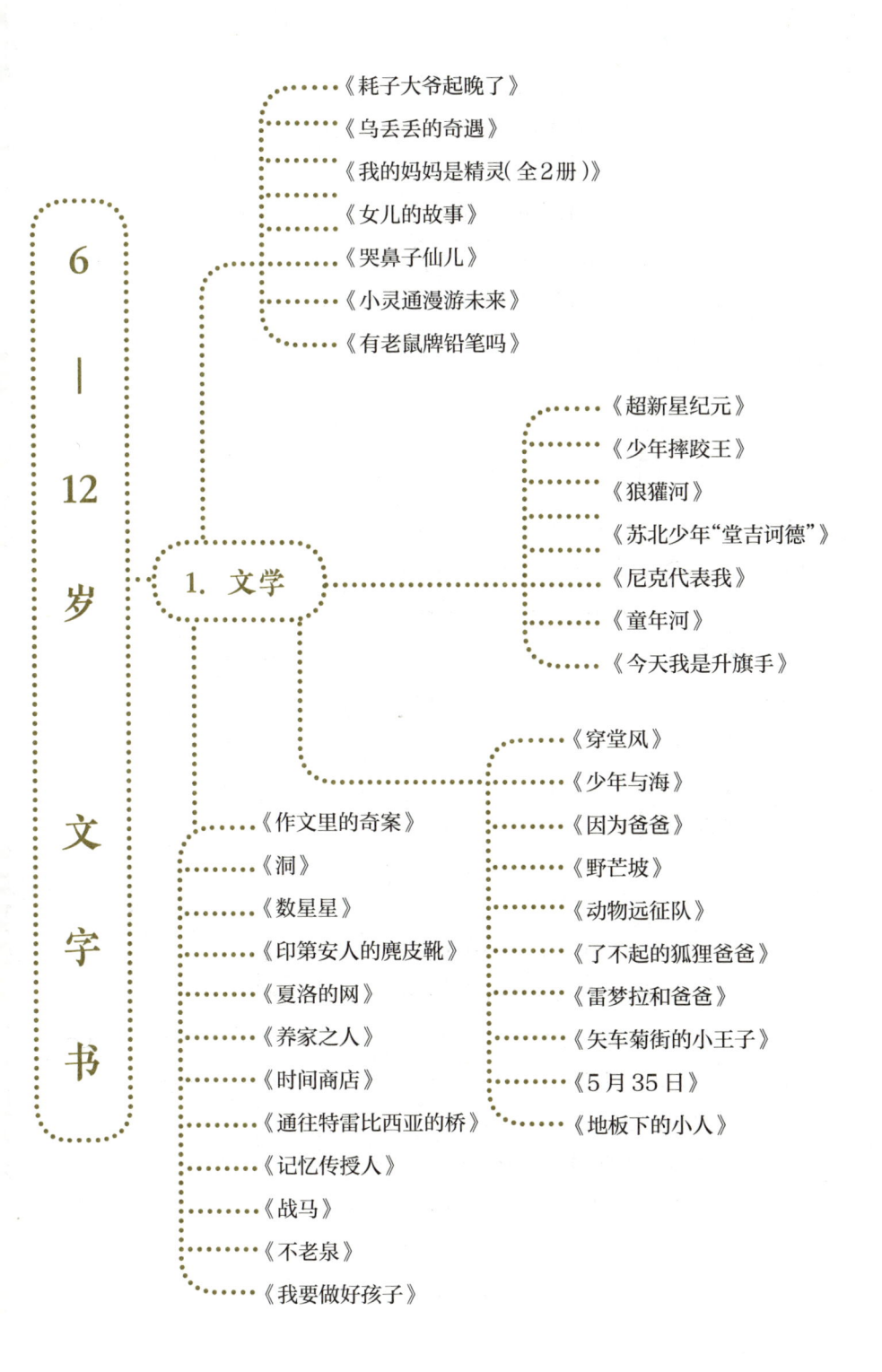

6—12岁文字书
- 1. 文学
  - 《耗子大爷起晚了》
  - 《乌丢丢的奇遇》
  - 《我的妈妈是精灵(全2册)》
  - 《女儿的故事》
  - 《哭鼻子仙儿》
  - 《小灵通漫游未来》
  - 《有老鼠牌铅笔吗》
  - 《超新星纪元》
  - 《少年摔跤王》
  - 《狼獾河》
  - 《苏北少年"堂吉诃德"》
  - 《尼克代表我》
  - 《童年河》
  - 《今天我是升旗手》
  - 《作文里的奇案》
  - 《洞》
  - 《数星星》
  - 《印第安人的麂皮靴》
  - 《夏洛的网》
  - 《养家之人》
  - 《时间商店》
  - 《通往特雷比西亚的桥》
  - 《记忆传授人》
  - 《战马》
  - 《不老泉》
  - 《我要做好孩子》
  - 《穿堂风》
  - 《少年与海》
  - 《因为爸爸》
  - 《野芒坡》
  - 《动物远征队》
  - 《了不起的狐狸爸爸》
  - 《雷梦拉和爸爸》
  - 《矢车菊街的小王子》
  - 《5月35日》
  - 《地板下的小人》

- "男孩的冒险书系列"
- "女孩全书系列"
- 《时间的奥秘》
- "可怕的科学系列"
- 《万物运转的秘密》
- "故宫里的博物学系列"
- 《一棵活了200年的树》

- 《植物的奋斗》
- 《如何制作一个哥哥》
- 《数理化通俗演义》
- 《袁珂中国神话故事集》
- "写给孩子的中国地理系列"
- "写给儿童的中国历史故事"
- "哇！故宫里的二十四节气系列"
- 《读给孩子的古诗文（一）》

2. 知识

- "思考的魅力系列"
- 《中国历史长卷：手绘年表》
- 《时间线》
- "漫画中国古代科技系列"
- 《跟着爸爸去研学：古代建筑》
- "希腊神话全集"
- "高卢英雄历险记系列"
- 《史蒂夫·乔布斯传：我可以改变世界（漫画版）》
- 《金钱》

6—12岁文字书

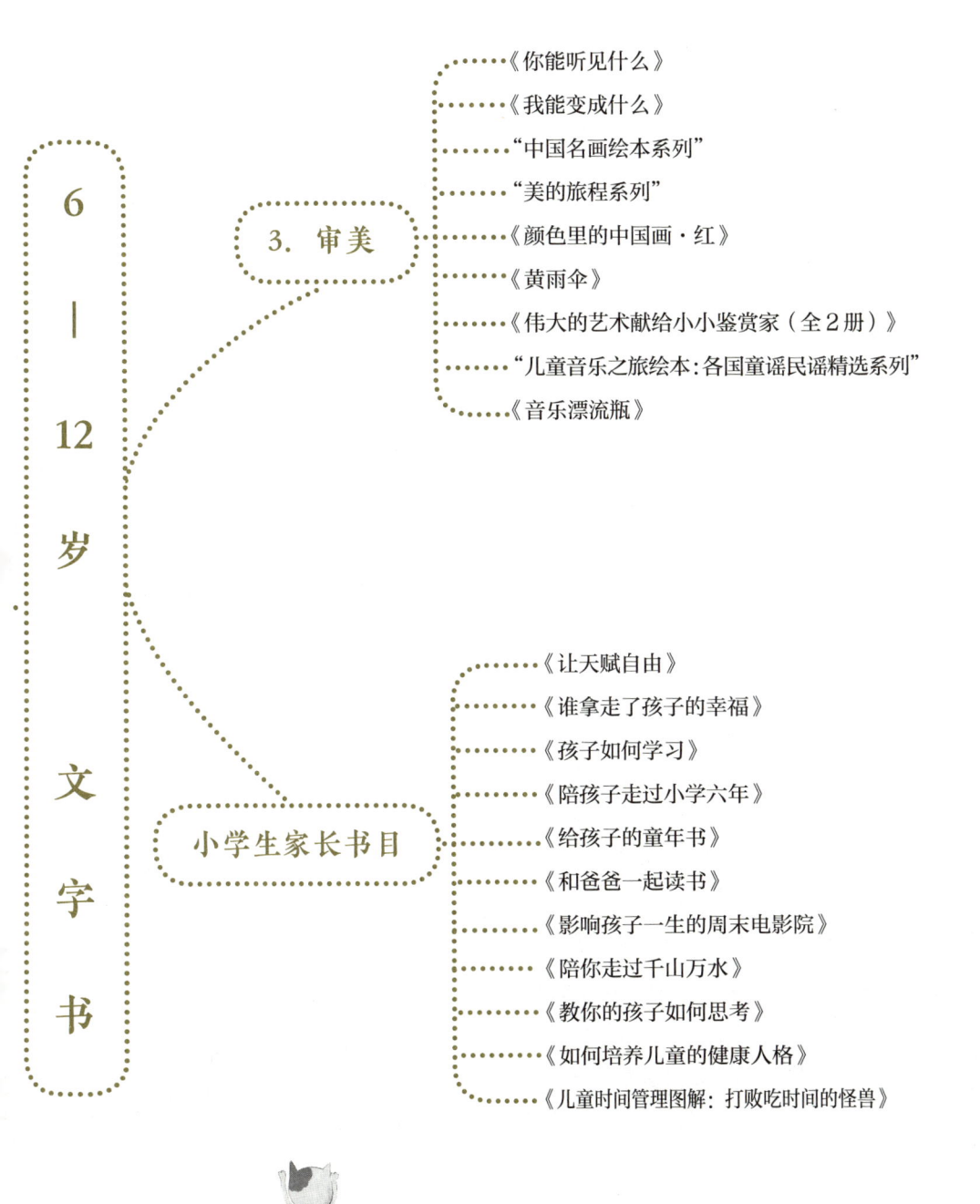

3. 审美

- 《你能听见什么》
- 《我能变成什么》
- "中国名画绘本系列"
- "美的旅程系列"
- 《颜色里的中国画·红》
- 《黄雨伞》
- 《伟大的艺术献给小小鉴赏家（全2册）》
- "儿童音乐之旅绘本：各国童谣民谣精选系列"
- 《音乐漂流瓶》

小学生家长书目

- 《让天赋自由》
- 《谁拿走了孩子的幸福》
- 《孩子如何学习》
- 《陪孩子走过小学六年》
- 《给孩子的童年书》
- 《和爸爸一起读书》
- 《影响孩子一生的周末电影院》
- 《陪你走过千山万水》
- 《教你的孩子如何思考》
- 《如何培养儿童的健康人格》
- 《儿童时间管理图解：打败吃时间的怪兽》